미래를 읽고 싶은
사람들을 위한 안내서

미래를 읽고 싶은
사람들을 위한
안내서

양성식 지음

FUTURE MARKING

책

당신은 지금
어떤 미래를 꿈꾸는가?

2007년 1월 9일

12년 전 이날은 애플이 아이폰을 세상에 처음 공개한 날이다. 하나뿐인 형 그리고 사랑하는 아내의 생일과 같아서 필자에겐 절대 잊을 수 없는 날이기도 하다. 애플이 아이폰을 공개하자 노키아와 모토로라 같은 당시 휴대폰 시장의 최강 기업들은 하나같이 혹평을 쏟아내며 아이폰의 실패를 예견했다. 하지만 지금 애플은 건재한 반면 두 회사는 시장에서 잊힌 지 오래다.

우리나라에 아이폰이 도입된 건 2009년 11월이다. 10년 전 당시에는 2019년 현재 우리의 삶이 이런 모습일 것이라고는 전혀 상상하지 못했다. 그 작은 스마트폰 하나로 인생의 수많은 선택과 경험을 해내고 있는 이 상황 말이다. 게다가 이젠 스마트폰을 넘어 '자율주행차, 가상현실, 드론, 3D프린터, 인공지능, 로봇' 같은 첨단기술과 관련된 단어를 매일같이 사용하며 연일 4차 산업혁명을 외치고 있다.

그러나 생각해보면 스마트폰도 4차 산업혁명도 우리가 스스로 만든 미래 비전은 아니다. 우리는 스스로 변화하지 못했고 남에 의해 변화당해 왔을 뿐이다. 10년 전 우리는 과연 어떤 미래를 꿈꾸고 있었을까? 아니, 미래에 대한 관심이라도 있었을까? 그리고 10년 전보다 변화의 속도가 더욱 빨라지고 있는 지금, 우리는 과연 어떤 미래를 꿈꾸고 있는 걸까?

경영학자 톰 피터스Tom Peters는 "이제 최고의 것을 베끼고 따라 하는 '벤치마킹Bench Marking'을 버려야 한다. 미래에 통할 것들을 지금 상상해서 먼저 만들어야 한다"고 말하며 이제는 '퓨처마킹Future Marking'의 시대라고 강조했다.

현재 우리가 누리고 있는 모든 것들 역시 과거 누군가 상상하고 예측하고 질문한 미래로부터 시작했다. 그러나 변화의 속도가 빨라진 만큼 이제는 다른 사람이 만든 미래 비전만 따라가다가는 생존하기 어렵다. 개인, 기업, 정부 할 것 없이 스스로 원하는 미래를 상상하며 먼저 변화하고 혁신할 수 있는 퓨처마킹 능력이 절실한 것이다.

필자가 다니던 직장을 나와 트렌드와 미래를 주제로 교육을 하겠다고 뛰어든 게 2010년 2월이었으니, 올해로 정확히 10년이 됐다. 당시 딸아이가 태어난 지 3개월 때 일이라 직장 동료나 가족들 모두 필자의 선택을 이상하게 바라봤다. 안정된 직장을 버리고 새로운 불모지를 개척하려는 필자의 모습에 의아함이 든 것이다.

하지만 용기를 내서 도전할 수 있었던 건, 퓨처마킹을 통해 한국도 10년 안에는 변화와 미래에 대한 관심이 커질 것이라는 비전을 그렸고 그것을 확신했기 때문이다. 그리고 그렇게 10년 전 필자가 그린 미래 비전은 알파고 이슈가 터진 2016년 3월부터 현실이 되기 시작했다. 예상보다 빠른 7년 만의 일이었다.

이러한 결과는 20년 전 고교 시절, 처음 미래학이란 학문을 접한 후로 매일매일 미래에 집중하고 스스로 원하는 미래 비전을 그리면서 변화하고 혁신하기 위한 퓨처마킹 노력을 게을리하지 않았기에 가능했던 것 같다.

그렇게 대한민국 국민들의 미래 역량을 높이겠다는 미션 하나만 바라보며 새로운 도전을 시작했지만, 그 노력이 역부족이었는지 안타깝게도 대한민국은 여전히 미래보다는 현실과 과거에 머물러 있는 듯하다. 엎친 데 덮친 격으로 2019년 현재 4차 산업혁명뿐만 아니라 저출산 고령화, 미세먼지, 남북 관계, 미중 무역 전쟁 등 수많은 변화의 소용돌이 속에서 미래에 대한 불확실성은 더욱 커지고 있다.

2015년 세계경제포럼에서 4차 산업혁명이 화두가 된 이후, 우리나라에서도 2016년 말부터 줄곧 4차 산업혁명이 메가트렌드로 자리 잡았고 사회 전반에 큰 영향을 주고 있다. 그런데 4차 산업혁명역시 시작은 2010년부터 독일에서 적극적으로 추진하기 시작한 국가 미래 비전인 'Industry 4.0'이었다. 10년 전 독일이 꿈꾼 미래 비전이 지금은 전 세계적 현실이 된 것이다.

좋은 질문이 좋은 미래를 만든다고 한 어느 미래학자의 말처럼 이럴 때일수록 올바른 현실 인식을 바탕으로 미래의 다양한 가능성을 상상하고 예측하며 끊임없이 질문해야 한다. 퓨처마킹은 전문가들만할 수 있는 초능력이 아니며 누구나 노력으로 해낼 수 있다. 개인, 기업, 정부 모두 퓨처마킹 능력을 키워 각자의 상황에 맞는 비전을 스스로 그리며 최적의 미래를 만들어 나가야 한다.

인간은 상상한 만큼만 현실로 만들 수 있다. 변화의 속도가 빨라지고 미래가 불확실해도 지금부터라도 끊임없이 미래에 집중하며 상상하고 예측하고 질문한다면 다음 미래는 우리가 먼저 만들어갈

인간은 상상한 만큼만
현실로 만들 수 있다.

수 있을 것이다. 단, 복잡성 시대의 맥락 파악은 필수다.

1, 2차 산업혁명은 200년 이상 걸렸고, 3차 산업혁명은 50년 정도에 걸쳐 진행되었다. 하지만 과거 200년보다 최근 50년간 인류의 삶이 훨씬 더 윤택해진 것을 보면 향후 10~20년 안에 얼마나 많은 변화가 일어날지, 어떤 상상 속의 일들이 현실이 될지 짐작도 할 수 없을 정도다. 부디 이 책이 대한민국 국민들의 퓨처마킹 능력을 업그레이드시켜 개인과 기업, 정부 모두 스스로 원하는 바람직한 미래를 만들어가는 데 일조할 수 있길 바란다.

미래는 발견하는 것이 아니라 발명하는 것이라고 했다. 여러분이 원하는 미래는 어떤 미래인가? 지금 당신이 그리는 미래 비전이 곧 당신의 미래가 될 것이다. 이 책을 읽는 동안만이라도 마음껏 미래에 대한 상상의 나래를 펼쳐보자.

더 나은 미래를 위해
퓨처에이전트 양성식

인간은 미래를 예측할 수 있을까?

당신이 트렌드를 읽을 수 없는 이유

스마트 트렌드 리딩의 기술

하루 15분, 퓨처마킹의 기술

퓨처마킹을 위한 협업의 기술

FUTURE MARKING

1.

변화의 시대, 미래에 집중하라

"다음 시대를 먼저 읽고 시대가 쫓아오기를 기다려라."

소프트뱅크 대표이사 손정의(1957~)

미래는 이미 와 있다

지금부터 읽게 될 글은 가상 인물 'F 씨'의 2020년 일상을 그려본 미래 시나리오다. 여러분의 2020년 모습도 함께 상상하며 잠시 미래 여행을 떠나보자.

F 씨는 2020년 **1인 창조기업가**로 제2의 인생을 시작했다. 온라인에 가상 기업을 세워 오프라인상으로는 사무실도, 직원도 없지만 블로그, 유튜브 등에서 그의 존재를 확인할 수 있다. F 씨는 직접 제작한 미래 관련 지식 콘텐츠를 온오프라인에서 유·무료로 판매하는 일을 주로 하며, '퓨처에이전트FutureAgent'라는 새로운 개념의 직업을 **창직**創職해 스스로에게 부여했다. 퓨처에이전트는 '미래 정

보를 대중들에게 연결해주는 사람'이라는 의미를 담고 있다. 지식을 기반으로 하는 일의 특성상, F 씨는 인터넷에 접속해 **스마트워킹**이 가능한 곳이라면 어디든 **스마트오피스**가 되는 **디지털노마드**Digital Nomad**족**이다. 일을 의뢰하는 사람들과는 이메일, 메신저, 전화 등을 통해 길 위에서도 언제든 실시간 협업이 가능하다. 급한 서류 요청을 받아도 **클라우드**Cloud **서비스**에 저장된 자료를 첨부해 메일을 보낼 수 있고 팩스 없이도 스캔 앱을 이용해 언제든지 증빙서류를 보낼 수 있다.

30대 후반이 된 F 씨는 최근 4차 산업혁명과 함께 부쩍 일이 늘어 전국을 다니느라 피곤함을 많이 느끼고 있다. 체중도 늘어나 40대가 되기 전에 건강을 회복해야겠다고 생각 중이다. 그러던 차에 그는 아내로부터 **웨어러블**Wearable **헬스케어밴드**를 선물받았다. 해당 제품은 가성비가 좋기로 유명한 중국의 S사 제품으로 아내가 해외 직구를 통해 저렴하게 구입한 것이다. 아내는 중국어가 유창하진 않지만 웹브라우저의 자동 번역 기능 덕에 주문까지 10분도 걸리지 않았으며, 제품과 배송에 대한 궁금증은 해당 중국 쇼핑몰 사이트의 **챗봇**Chatbot 실시간 상담을 통해 영어로 가능했다.

F 씨는 선물받은 웨어러블 헬스케어밴드를 샤워할 때 빼고는 종일 착용한다. 이 기기에는 시계 기능이 있어서 F 씨는 더 이상 무거운 손목시계를 차고 다니거나 스마트폰을 꺼내 시간을 확인할 필요가 없

다. 또한 실시간으로 사용자의 걸음 수와 소모된 칼로리 데이터 등 활동량을 확인할 수 있으며 필요할 때마다 센서를 통해 심박수를 확인할 수도 있다. 기기를 착용하고 잠을 자면 총 수면 시간 중 깊은 수면 시간이 얼마나 되는지 다음 날 아침에 바로 확인이 가능하다. 뿐만 아니라 일정 시간 이상 움직임이 없으면 진동과 함께 알람이 오며 스마트폰 앱을 통해 알람 설정을 해두면 아침마다 진동으로 깨워준다.

이런 알람 기능은 F 씨가 강의에 몰입해 끝나는 시간을 잊지 않도록 설정된 시간에 진동으로 알려주기도 한다. 또 전국을 돌아다니며 바쁘게 활동하는 중에도 스마트폰을 꺼내지 않고 전화나 문자, 메신저, 스케줄 체크를 할 수 있는 것도 알람 기능 덕이다. 이 기기는 F 씨에게 비서와도 같다. 이렇게 다양한 기능을 갖춘 이 웨어러블 헬스케어밴드의 가격은 1만 원대다.

최근에는 **스마트체중계**도 2만 원대에 구입했다. 덕분에 집에서도 체질량, BMI, 근육량, 골격량, 수분량, 기초대사량, 내장지방량 등 구체적인 신체 측정 데이터를 실시간으로 확인하고 있다. 이 데이터들은 건강검진을 받을 때나 확인하던 것들이다. 이 스마트체중계 역시 중국 제품이다.

얼마 전에는 스마트폰 내비게이션 앱을 업데이트하니, **음성 인식 인공지능 서비스**가 추가되어 운전 중에도 편하게 전화나 문자를 주고받을 수 있어서 사고 위험이 많이 줄었다. 그 외에도 뉴스 읽기, 음악 스트리밍 앱 연동 기능 등 다양한 서비스가 추가되어 운전 중 별도 수조작 없이 음성으로 다양한 기능을 제어할 수 있게 되었다.

F 씨가 사용하는 내비게이션 앱에는 스마트폰의 각종 센서를 이용해 운전자의 운전 습관을 평가하는 기능도 있어 급정거, 급가속, 과속 등을 체크해 점수를 매긴다. 그리고 제휴된 보험회사들은 운전자의 운전 점수를 받아 보험료를 차등으로 부과하는데, 안전 운전을 할수록 보험료를 할인해준다. 참고로 운전 중 음성 인식 인공지능 서비스를 자주 이용하는 이용자일수록 점수가 높게 나오는데 F 씨 역시 최근 음성 인식 기능을 자주 이용한 결과, 운전 습관 점수가 10점이나 올라 80점을 기록하고 있다. 지금 가입한 자동차보험의 계약이 만료되면 이 점수로 다양한 보험회사의 보험료 견적을 비교해서 어디가 더 저렴한지 확인해볼 생각이다.

가끔 강의 당일에 아내가 차를 쓰면 F 씨는 대중교통을 이용해왔는데, 강의하는 곳이 지방일 경우 이동에 너무 많은 시간이 소요된다. 하지만 최근 살고 있는 아파트 바로 옆 빌딩에 **카셰어링**Car Sharing **서비스** 존이 두 곳이나 생겨, 이제 필요하면 언제든지 스마트폰으로 카셰어링 서비스를 예약해 편리하게 이용하고 있다. 가끔 카셰어링 회사에서 행사로 할인 쿠폰을 주기도 하는데 그걸 이용하면 대중교통을 타는 것보다 더 저렴해 교통비 절약에도 도움이 된다.

F 씨는 최근 명절을 맞아 부모님을 모시고 싱가포르에 다녀왔다. 짐은 출국 하루 전날 공항으로 보내뒀고, 탑승 수속은 이전 여행 때 공항에 생체 정보를 미리 등록해두어 신속히 처리되었다. 덕분에 서두를 필요 없이 여유 있게 공항에 도착했다. 여행자보험은 비행 시간 동안만 적용되는 **온디맨드**(on-demand, ICT기술을 이용해 소비자의 수요에 맞춰 즉각적으로 맞춤형 제품 및 서비스를 제공하는 서비스) **보험**을 비행기에 타기 직전 앱으로 가입했다.

싱가포르에 도착해서 이동 수단은 **공유택시 플랫폼**인 우버Uber와 그랩Grab을 이용했다. 덕분에 언제 어디서나 앱으로 택시를 부를 수 있었고, 원하는 목적지를 설정하면 택시를 부르기 전에 요금을 미리 확인할 수도 있었다. 우버나 그랩 같은 공유택시도 온디맨드 서비스로 택시 수요가 많고 적음에 따라 요금이 차등 적용된다. 그래서 한가한 시간대에는 더욱 싸게 택시를 이용할 수 있다. 또한 앱에 미리 신용카드를 등록해두면 자동으로 결제되어 도착지에서 현금이나 신용카드를 꺼낼 필요가 없다.

F 씨 가족은 호텔에 도착해서 체크인 수속을 마칠 때쯤 직원에게 주의사항을 들었다. 방에 있는 **IOT냉장고**의 음료와 간식은 손으로 들면 센서에 의해 자동으로 계산되어 보증금에서 차감된다는 것이었다. 아이들이 있는 객실이라 주의를 부탁한 모양이다. 어쨌든 센서 자동 결제 시스템은 호텔 입장에서는 편리한 기능임에는 틀림없

었다. 다음 날 방문한 관광지에서는 택시 정류장에서 매표소까지 **자율주행 셔틀버스**를 운행하고 있었다. 4차 산업혁명 대응 순위 상위에 올라 있는 싱가포르다운 모습이었다.

회사를 퇴사하고 1인 창조기업을 시작한 F 씨는 외벌이로 아내와 초등학교 3학년 딸을 부양하고 있다. 점점 자녀 양육비도 늘어날 테고, 고령화 시대에 따라 수명이 늘어난 만큼 부부의 노후 준비도 부담이 되기 시작했다. 최근에는 뇌경색으로 쓰러져 병원 생활을 하고 있는 아버지의 치료비 부담도 늘어 자산 관리의 중요성을 크게 느끼고 있다.

그래서 F 씨는 얼마 안 되는 자산이지만, 직접 자산 관리에 많은 시간을 쏟기보다 빅데이터, 인공지능기술 발달로 발전 중인 **핀테크** Fin Tech **서비스**를 활용해보기로 결심했다. 일단 은행 이자보다 조금 더 높은 수익을 낼 수 있는 **소셜크라우드펀딩** Social Crowd Funding이나 **P2P금융** 상품에 일부 자산을 투자했다. 주로 자금이 필요한 기업이나 개인에게 대출 또는 지분투자, 채권투자를 하고 있다. 1년 넘게 투자한 결과, 평균 수익률이 8%를 넘어 은행보다 높아 만족하고 있다. 얼마 전에는 어느 스타트업이 개발한 **로보어드바이저** Robo-advisor가 국내외 주식과 채권에 투자하는 ETF 상품에 가입해, 노후자금을 위한 장기 투자 목적으로 일부 자산을 맡기기도 했다. 기존 투자회사나 증권사의 수수료보다 훨씬 적은 수수료도 큰 장점이다.

이 외에도 기존 거래 은행의 개인정보 해킹 사건 이후 **인터넷전문은행**인 A사의 계좌를 개설했다. 이자율도 높고 수수료 걱정 없이 전국 모든 ATM 기기에서 현금을 인출할 수 있어 급할 때 매우 편리하게 이용하고 있다. 그리고 매달 수입과 지출 내역 및 금융 자산을 좀 더 스마트하게 관리해줄 서비스 앱을 찾던 중 최근 마음에 드는 스타트업의 서비스를 발견해 보유하고 있는 모든 은행 계좌와 이용 중인 카드회사, 증권회사, 보험회사 등을 연동했다. 이 덕분에 실시간으로 자산의 증감을 확인하고 있으며, 인공지능이 데이터 분석을 통해 자산 관리 방향을 제시해주어 보다 합리적인 소비와 생활비 관리가 가능해졌다. 물론, 이 모든 서비스의 비용은 현재까지 제로다.

최근 F 씨는 자신의 모습에 스스로도 놀라워하고 있다. 왜냐하면 현재의 모습이 대부분 과거에 본인이 상상했던 미래의 모습이었기 때문이다. 대학 시절부터 꿈꿔왔던 1인 창조기업과 디지털노마드족으로서의 삶은 이미 현실이 되었고, 웨어러블 헬스케어 제품이 상용화되기 시작한 초기에 좀 더 저렴한 제품들이 나오면 좋겠다고 생각했었는데 이 역시 현실이 되었다. 아직 자율주행 자동차는 완전히 현실이 된 것은 아니지만 스마트기술을 적용한 교통 서비스는 이미 무료 또는 저렴한 가격으로 이용 가능한 세상이다.

각종 사물에는 곳곳에 센서가 장착되어 그전에는 인간이 직접 해야 했던 일들도 기계가 알아서 척척 해내고 있다. 뿐만 아니라 금융에 대한 해박한 지식이나 일정 금액 이상의 목돈 없이는 투자하기 어려웠던 개인들도 소액으로 언제든지 금융 상품에 투자할 수 있게 되었고, 매일 시장 상황을 들여다볼 수 없는 우리를 대신해 모니터링해주는 로보어드바이저도 저렴한 수수료로 누구나 고용할 수 있다.

이 모든 것들이 10년 전에는 그저 상상에 불과했지만 2020년인 지금은 현실이 되었다. F 씨는 하루하루 세상의 변화를 접할 때마다 변화의 속도에 놀라워하며 앞으로 10~20년 후의 미래를 기대하고 있다. 과연 10년 뒤 F 씨의 삶은 또 어떻게 달라져 있을까?

이미 눈치챈 독자들도 있겠지만 사실 앞선 시나리오는 필자의 실제 삶을 가상 인물을 통해 정리해본 것이다. 몇몇 부분은 직접 경험한 것은 아니지만 이미 현실에서 가능한 것들에 살을 조금 덧붙여서 작성했다. 즉, F 씨의 삶은 먼 미래가 아니라 이미 현실에서 이루어지고 있는 삶의 모습이다. 여러분 중에는 이미 본인도 이용하고 있는 서비스들이 있어서 공감한 경우도 있을 것이고, 또 이게 진짜 현실이되면 얼마나 좋을까 생각하며 미래를 상상해본 경우도 있을 것이다. 그렇다면 왜 누군가에게는 이 시나리오가 이미 현실인 반면 누군가에게는 생소한 변화로 다가오는 것일까?

변화는 절대 갑자기 일어나지 않으며 미래 역시 갑자기 오는 것이 아니다. 누군가의 상상에서 시작해 우리의 일상 속에서 알게 모르게 점차 현실화되어 갈 뿐이다. F 씨 이야기에서 나온 각종 키워드 중에는 이미 수년 전부터 언급된 것들이 많다. 예를 들어 디지털노마드, 클라우드 서비스, 1인 창조기업, 스마트워킹, 웨어러블 헬스케어 기기, 스마트체중계, 인공지능, 빅데이터, 로보어드바이저, 카셰어링 서비스, 소셜크라우드펀딩, P2P금융, 핀테크, 온디맨드 서비스, 인터넷 전문 은행, IOT, 자율주행 자동차 등이 그렇다. 이러한 키워드가 과거 처음 출현했을 때는 그저 누군가의 막연한 상상일 뿐이며 아직은 먼 미래라고 치부되기도 했다. 그러나 이때부터 새로운 미래 키워드에 관심을 가지고 관찰을 해온 이들은 상상에 지나지 않던 미래 이미지가 현실이 되는 것을 보다 빨리 인지했을 것이다.

아무리 바빠도 세상의 변화에 관심을 가져야 시대의 흐름을 인지할 수 있고 미래 예측도 가능하다. 일단 관심이 없으면 수많은 변화들이 내 주변에서 일어나고 있어도 인지조차 못한다. 과거에 머물러 있거나 현재에만 집중하는 이들에게 변화는 눈 깜짝할 사이 일어난 놀라운 현상일 뿐이다.

미래 사회와 관련된 강의를 하면서, 기관이나 기업의 직장인들에게 필자가 사용하고 있는 웨어러블 기기와 스마트체중계 그리고 AI 자산 관리 서비스 등을 소개하면 여전히 처음 듣는 이야기라는 표정인 분들이 많다. 저렴한 가격에 건강 관리와 자산 관리를 더 스마트하게 할 수 있지만 변화에 관심을 가지지 않으면 몰라서 이용을 못하는 것이다. 물론 바쁜 일상 속에서 현재 하는 일도 벅차기에 변화와 미래에 관심을 가지는 게 힘들다는 건 안다. 하지만 이러한 변화들이 단순히 우리 삶이 아니라 내가 하는 일에, 우리 아이들의 진로에 영향을 준다면 그 중요도는 달라진다. 여러분 역시 10년 뒤에는 필요 없을 일과 공부에 지금 시간을 쏟고 있을지도 모를 일이다. 그때 가서 이러한 변화를 미리 알았더라면 하고 후회를 해봐야 소용없다.

필자가 사용 중인 스마트 서비스 사례

구분	주요 서비스
스마트워킹	캠스캐너(스캐너), N드라이브(클라우드), 구글킵(메모), T연락처(클라우드 주소록), 리멤버(명함 앱), 라인웍스(업무용 모바일앱), 구글캘린더, 폴라리스오피스(문서 열람)
교통	쏘카·그린카(카셰어링 서비스), 카카오T, Tmap(+NUGU), 카카오맵
건강	미세미세(미세먼지 알리미), 샤오미 미밴드, 이누스Xera100(스마트체중계)
금융	와디즈(소셜크라우드펀딩), 펀다(P2P금융)·8퍼센트(P2P금융), AIM(로드어드바이저 자산 관리), 카카오뱅크(전국 ATM 수수료 무료), 카카오페이(간편 결제), 토스(무료 송금), 뱅크샐러드(AI 가계부)

세상은 늘 변하고 있다. 그 속에서 생존하는 이들은 과거를 붙들고 변화를 거부하는 이들이 아니라 변화 속에서 일어날 위기에 대비하고 기회를 먼저 내다보며 일찍부터 미래를 준비한 이들이다. 그리

10년 뒤에는 필요 없을
일과 공부에 지금 시간을
쏟고 있지는 않은가?

고 변화를 빠르게 인지하고 받아들인 이들은 그다음에 올 미래 역시 먼저 상상할 수 있다. SF소설가 윌리엄 깁슨William Gibson은 이렇게 말했다.

"미래는 이미 와 있다. 단지 널리 퍼져 있지 않을 뿐이다."

조금만 관심을 가지고 관찰하면 우리 주변에 널려 있는 미래 이미지들을 누구나 찾을 수 있다. 이것이 지금이라도 현실에서 벗어나 새로운 변화와 미래 키워드들에 관심을 가져야 하는 이유다.

필자는 96년 고교 2학년 때부터 미래학이라는 분야에 관심을 가지고 공부를 해왔다. 그 덕에 세상의 변화를 조금 먼저 인지할 수 있었고 미래를 위해 당장 할 수 있는 것들을 실천하며 노력해왔다. 여러분과 달리 대단한 초능력을 지니고 있어서 미래를 먼저 살고 있는 것이 절대 아니다.

필자는 잘 다니던 회사를 나와 1인 창조기업가로 10여 년 정도 활동하고 있다. 회사를 퇴사할 때 모든 지인과 가족들이 극구 만류했었다. 그러나 내 결정은 갑작스러운 무모한 도전이 아니었다. 대학생이었던 20년 전 미국, 유럽의 미래학자들이 쓴 미래학 책에서 1인 주식회사, 프리에이전트, 디지털노마드를 보며 꿈꿔온 삶이었다. 직장을 다니면서도 머릿속에는 늘 미래 비전을 그리고 있었고, 내가 살

고 있는 한국의 환경을 관찰하며 기회를 엿보다 2010년 스마트폰·
SNS 시대가 본격화되면서 미래 비전을 달성하기 위해 과감히 도전
했던 것이다. 어쨌든 중요한 것은 현실을 살아가면서도 변화와 미래
에 관심을 가지고 적절한 타이밍을 찾기 위해 모니터링해왔다는 사
실이다. 거기에 더해 타이밍이 왔을 때 미래를 향해 뛰어들 수 있는
용기만 있으면 된다.

세상은 점차 복잡하게 연결되고 글로벌 변화의 속도는 더욱 빨라
지며 불확실성 역시 커지고 있다. 4차 산업혁명과 함께 수많은 상상
이 현실이 되고 있는 지금, 우리에게 가장 절실하게 요구되는 것은
과거에서 벗어나 현실을 넘어 이제는 미래에 더욱 집중하는 것이다.
이미 현실이 된 변화가 있다면 그 변화 또한 빠르게 따라가야 하겠지
만 더욱 빨라질 변화의 속도를 생각하면 이제는 그다음까지 상상해
야 한다. 아니면 영원히 따라잡을 수 없을 정도로 도태될 수 있다.

대한민국은 과거 빠른 추격자로서 나름 성공적으로 성장해왔다.
그러나 4차 산업혁명이 본격화되면 격차는 다시 벌어질 것이다. 이
미 국가 경쟁력, 기업 경쟁력, 인재 경쟁력이 모두 하락세에 접어든
현실을 직시해야 한다. 국가의 더 나은 미래는 결국 더 나은 개인이
모인 더 나은 조직이 만들어질 때 가능할 것이다.

다행히 이 책을 선택한 독자 여러분은 미래에 대한 관심이 남다른

분들일 것이라 생각한다. 부디 이 책을 통해 미래의 위기에 대비하고 기회를 선점할 수 있는 미래 역량을 높여 경쟁력 있는 미래 인재로서 조직과 국가에 이바지할 수 있기를 바란다. 그리고 미래를 위해 과감한 변화가 필요하다면 주저하지 말고 용기를 내기 바란다. 스마트한 사람에게 미래는 분명 수많은 기회를 줄 테니 말이다.

그 많던 은행들은 어디로 갔을까?

4차 산업혁명과 함께 핀테크기술의 발달로 직격탄을 맞고 있는 금융산업을 보고 있자면 필자의 머릿속에는 과거부터 지금까지의 일들이 파노라마처럼 펼쳐지곤 한다.

90년대 후반 고교 시절, 당시 은행 지점장이었던 아버지를 보며 필자 역시 은행원을 꿈꾸던 때가 있었다. 그때만 해도 은행 지점장이 되면 기사 딸린 차가 제공되어서 필자는 등교 때마다 기사가 운전해 주는 차를 타고 다녔으니, 아버지가 대단해 보인 건 당연했다.

그러던 1997년 어느 날, 대학생이었던 형이 책장에 꽂아둔 세계적인 미래학자 엘빈 토플러Alvin Toffler의 《제3물결》이란 책을 읽어본 필자는 깜짝 놀라지 않을 수 없었다. 그 책에서는 정보화시대에 사람이 점점 필요 없어지는 은행의 미래를 그리고 있었기 때문이다. 당시엔 잘나가던 은행원 아버지를 보면서 설마 그런 세상이 올까 의문을 갖기도 했다. 하지만 대학생이 되고 군에서 제대한 이후부터 필자의 의문은 점차 사라지기 시작했다.

2000년대 초반 이미 인터넷뱅킹으로 대부분의 금융 서비스를 이용할 수 있어서 은행 갈 일은 거의 없었다. 대학 졸업을 앞둔 2005년에는 당시 폴더폰으로도 모바일뱅킹이 대부분 가능한 상황이었다. 그리고 지금은 비대면으로도 몇 분이면 계좌를 개설하고 대출 상담도 받을 수 있는 세상이다. 온라인에서 개인이 개인에게 돈을 빌려주고 수익을 창출할 수도 있으니, 실로 천지개벽天地開闢할 일이다. 고교 시절 우연히 봤던 미래학 책 속 어느 미래학자의 예측이 실제 현실이 되어가는 모습을 직접 두 눈으로 확인한 필자는, 변화의 속도를 생각하면 앞으로 5~10년 뒤 은행의 모습도 어느 정도는 예상이 된다.

2005년 대학 졸업을 앞두고 동기들은 연봉이 높고 인기가 좋았던 은행 취업을 선호했고 많은 친구들이 은행원이 되었다. 하지만 필자는 변화의 흐름을 직감하고 10년 뒤쯤엔 은행과 은행원이 많이 필요 없을 수도 있겠다는 생각이 들었다. 그래서 당시 은행원 자녀 우대 혜택을 받으면 누구보다 은행 취업이 유리했지만, 과감히 진로를 바꾸었다.

2006년 졸업 후 10여 년이 흐른 지금, 전 세계에는 핀테크 열풍이 불기 시작했다. 한국에는 점포가 없는 인터넷전문 은행 두 곳이 출범하면서 기존 은행들은 빠르게 점포를 통폐합하거나 줄이는 동시에 모바일 서비스를 강화하고 인공지능을 도입했다. 이제는 은행마저도 IT기업과 경쟁을 해야 하는 상황이 되고 말았다.

2017년, 시중 은행들은 구조조정을 단행했다. 그 바람에 은행원 감소 폭이 역대 최대 수준을 기록했다. 금융감독원에 따르면 2017년 말, KB국민·신한·우리·KEB하나·NH농협은행 등 5대 시중 은행에서만 인력이 4,841명 줄었다. 이중 아버지가 근무했던 A은행은 2016년 구조조정 때 근속 10년차 이상 직원을 대상으로 희망퇴직을 받기 시작했는데, 이제 초등학교 1~2학년 자녀를 키우고 있을 필자의 친구들 역시 구조조정 대상자였다. 여전히 은행은 취준생들에게 인기 있는 직장이지만 4차 산업혁명이 일어나고 있는 지금, 은행의 미래를 그려보면 그저 장밋빛만은 아닐 수도 있겠다는 생각이 든다.

이러한 정보화 시대 은행의 미래를 예측했던 미래학자 엘빈 토플러는 안타깝게도 2016년 미국 로스엔젤레스에 위치한 자택에서 향년 76세로 세상을 떠났다. 그러나 지난 2007년 방한 당시 그가 했던 말이 여전히 생생하게 떠오른다. 토플러는 한국의 학교를 둘러보고 기자와의 인터뷰에서 이런 말을 남겼다.

"한국에서 가장 이해하기 힘든 것은 교육이 정반대로 가고 있다는 것이다. 한국 학생들은 하루 15시간 이상을 학교와 학원에서 자신들이 살아갈 미래에 필요하지 않은 지식을 배우기 위해, 그리고 존재하지도 않을 직업을 위해 허비하고 있다."

10여 년이 흐른 지금도 한국 학생들은 여전히 부모가 원하는 직업, 현실에서 좋아 보이는 직업, 안정된 직업을 향해 모두 같은 곳으로 달려가고 있는지도 모른다. 하지만 변화를 들여다보고 미래에 조금만 관심을 가지면 어른들의 말이 꼭 정답은 아니라는 것을 알게 될 것이다.

물론 은행이 완전히 사라지지는 않겠지만 지금의 흐름이라면 은행이라는 조직에서 원하는 인재는 많이 달라질 것이다. 은행원이 하는 일도 우리가 은행에서 현재 보고 있는 모습이 아닐 수 있다. 혹시라도 은행 취업을 목표로 하고 있는 취준생이 있다면 또는 내 자녀가 은행에 취업하길 바라고 있는 학부모가 있다면 이렇게 조언해주고 싶다. 일단 먼저 핀테크에 대해 공부부터 해보라고 말이다. 군이 금융권에서 일하고 싶다면 4차 산업혁명 시대에 핀테크가 바꿔 놓을 금융의 미래를 먼저 알아야 한다.

한국 학생들은
하루 15시간 이상을
학교와 학원에서
자신들이 살아갈 미래에
필요하지 않은 지식을
배우기 위해,
그리고 존재하지도 않을
직업을 위해 허비하고 있다.

준비 안 된 장수長壽는 재앙이다

4차 산업혁명으로 불확실해진 기업의 미래와 사라지는 직업도 신경 써야 하지만, 앞으로 개인의 미래를 가장 불확실하게 하는 요소는 따로 있다. 바로 고령화로 인한 불확실성이다. 혹시 여러분은 본인이 몇 살까지 살 수 있을지 예상 수명을 생각해본 적 있는가? 필자가 성인들을 대상으로 트렌드나 미래와 관련된 강의를 할 때마다 유사한 질문을 교육생들에게 해보면 대부분 100세 시대라는 현상을 인지하고는 있지만 본인 스스로 100세까지 살 수도 있을 거라는 생각은 거의 하지 않고 있었다.

물론 요즘처럼 먹고살기 힘든 상황에서야 100세까지 살고 싶은 사람이 그리 많진 않을 것이다. 그러나 수명은 내 마음대로 정할 수 있는 것이 아니다. 이미 90세, 100세를 넘는 고령자들은 계속 늘어나고 있고, 내게는 그런 일이 일어나지 않을 거란 보장도 없다. 70세, 80세 정도 살다 가겠지 생각하며 인생을 준비했는데 100세까지 살면 어떤 상황이 올까? 한국 국민들 대부분 대책 없이 맞이하고 있는 100세 초고령화 시대는 미룰 수 없는 시급한 개인의 미래 과제임이 틀림없다. 물론 개인뿐만 아니라 정부와 기업도 마찬가지다.

박유성 고려대 통계학과 교수팀이 의학기술 발달을 감안한 기대수명을 계산한 결과에 따르면, 현재 생존해 있는 1945년 출생자 중 남자는 23.4%, 여자는 32.3%가 101세까지 살 수 있는 것으로 나타났다. 1971년생은 현재 살아 있는 남성 중 47.3%가 94세까지, 여성은 48.9%가 96세까지 살 수 있을 것으로 예상됐다. 그야말로 인생 100세 시대를 맞이하고 있는 것이다.

필자의 증조할머니와 증조외할머니 모두 90세 넘게 사셨고 외할머니, 외할아버지께서도 90세를 넘기셨지만 여전히 건강한 편이다. 그리고 집안에 고혈압 내력은 있지만 암 내력은 없어서 필자도 관리만 잘하면 100세까지 살 수 있을 것이다. 아니, 4차 산업혁명과 함께 발달 중인 헬스케어기술을 바라보고 있자면 120세가 될지도 모르겠다.

요즘은 적은 비용으로도 웨어러블 헬스케어 기기를 구입할 수 있다. 그래서 매일 활동량 체크는 물론 칼로리 소비 계산, 수면 상태 확인, BMI 체크, 심박수 체크 등을 실시간으로 할 수 있다. 유전자 분석 비용도 감소하고 있어 미래에 내가 걸릴 질병에 대한 확률을 알 수 있는 등 예방의학 역시 급격히 진화하고 있다. 또한 바이오 3D프린팅기술의 발달로 인공 장기의 시대도 머지않아 도래할 것이라는 소식을 접할 때면 120세, 130세까지도 살 수 있겠다는 생각이 든다. 〈뉴욕타임즈〉는 2014년생 아이들의 기대 수명을 142세로 전망하기

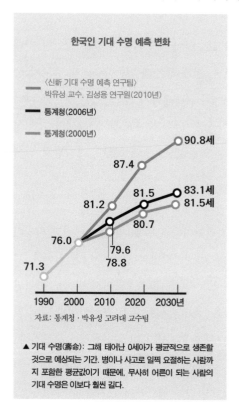

한국인 기대 수명 예측 변화

― 〈신新 기대 수명 예측 연구팀〉
박유성 교수, 김성용 연구원(2010년)
― 통계청(2006년)
― 통계청(2000년)

90.8세

87.4

81.5   83.1세
81.2   81.5세

80.7

76.0

79.6
78.8

71.3

1990 2000 2010 2020 2030년

자료: 통계청·박유성 고려대 교수팀

▲ 기대 수명(壽命): 그해 태어난 0세아가 평균적으로 생존할 것으로 예상되는 기간. 병이나 사고로 일찍 요절하는 사람까지 포함한 평균값이기 때문에, 무사히 어른이 되는 사람의 기대 수명은 이보다 훨씬 길다.

도 했으며, 국내 모 대학의 생명과학 분야 교수는 어느 강의에서 생명과학기술 발달의 흐름을 소개하며 재수 없으면 200세까지도 살 수 있다는 경고를 하기도 했다.

그러나 대다수의 사람들이 고령화 시대의 문제가 당장 자신에게 일어날 일이 아니고 가능성이 낮다고 생각해 무관심하다. 고령화 문

제는 결국 개인의 문제이다. 준비 안 된 장수로 맞이할 수도 있는 개인의 위기를 기업이나 정부가 모두 대신 해결해줄 수는 없는 일이다. 이미 초고령 사회에 진입한 일본에서는 은퇴자들 중 노후 빈곤층으로 전락한 이들의 문제를 이슈화하면서 방송이나 신문에서 '하류 노인', '노후 파산'이란 말을 심심찮게 거론한다. 65세 인구가 전체 인구의 20%를 넘는 초고령 사회까지 10년도 채 남지 않은 한국도 지금부터 준비하지 않으면 현실로 다가올 미래 위기다.

위기에 대비하고 기회를 선점하라

　4차 산업혁명과 고령화라는 최근의 두 가지 이슈만 생각해봐도 우리의 미래는 불확실성이 더욱 커지고 있으며 정부, 기업, 개인 모두 지금 상태를 유지하는 것만으로는 행복한 미래를 맞이할 수 없다는 것을 알 수 있다. 물론 누군가는 지금 상태만 유지해도 행복하다고 할지 모르겠지만 문제는 내가 아닌 주변 환경이 변한다는 점이다. 이 세상에서 유일하게 변하지 않는 것은 '세상은 계속 변한다는 사실'뿐이다. 그리고 지금처럼 변화의 속도가 빠른 시대에는 변하는 환경에 적당히 대응하는 것만으로는 부족하다. 미래는 적자생존適者生存의 시대가 아니라 **속자생존**速者生存의 시대라고 한다. 과거, 현재가 아닌 미래에 집중하며 자신에게 닥칠 미래 위기에 대비하는 자가 오래 살아남는다.

이 세상에서 유일하게
변하지 않는 것은
'세상은 계속 변한다는 사실'
뿐이다.

또한 위기는 늘 기회를 동반하기 마련이다. 위기危機라는 한자어가 위기危와 기회機가 합쳐져 있는 이유이기도 하다. 4차 산업혁명으로 일자리가 사라진다고 하지만 분명 새로운 세상이 펼쳐지면 그에 맞는 새로운 것들이 생겨나고 새로운 인재가 필요하다. 그 속에 기회가 있다. 고령화도 마찬가지다. 오래 산다는 것이 재앙이 될 수도 있지만 건강하게 오래 살 수만 있다면 긴 시간 동안 할 수 있는 일도 많아지고 못 이룬 꿈을 늦게라도 이룰 수 있는 기회도 생긴다. 다만 위기가 이미 닥쳤을 때는 새로운 기회 역시 달아난 뒤일지도 모른다.

이탈리아의 토리노박물관에는 벌거벗은 채로, 앞머리에는 머리카락이 풍성하고 뒤통수는 머리카락이 한 올도 없는 대머리 모양을 한 희한하게 생긴 조각 작품이 있다. 조각 속 사람은 등에 커다란 날개를 단 것도 모자라 양발에도 작은 날개 한 쌍을 달았다. 한 손에는 저울, 다른 한 손에는 날카로운 칼이 들려 있다. 이 우스꽝스러운 모습에 사람들은 웃지만 조각상 아래에 새겨져 있는 글귀를 보고 나면 모두 조각상이 이렇게 생긴 이유를 짐작하게 된다.

벌거벗은 몸은 모든 이에게 쉽게 발견되기 위함이고, 앞머리가 무성한 이유는 사람들이 나를 보았을 때 쉽게 붙잡을 수 있도록 하기 위함이다. 하지만 뒷머리가 대머리인 이유는 내가 떠난 후 다시는 붙잡지 못하도록 하기 위함이고, 날개가 달린 이유는 나를 놓친 이가 나를 잡기 전에 도망치기 위함이다.

과거, 현재가 아닌
미래에 집중하며
자신에게 닥칠 미래 위기에
대비하는 자가
오래 살아남는다.

나의 이름은 '기회kairos'다.

그는 바로 제우스의 아들 '기회의 신' 카이로스다. 그가 든 저울은 기회가 다가왔을 때 놓치지 말고 저울을 꺼내 달아보고 분별하며 판단하라는 의미이고, 칼은 기회가 지나가기 전에 칼같이 결단하고 재빨리 잡아 실천하라는 의미가 있다고 한다. 그렇다. 변화는 위기가 아닌 기회이며 먼저 움직이고 행동하는 이에게만 주어진다.

기회의 신, 카이로스

변화는 위기가 아닌
기회이며
먼저 움직이고 행동하는
이에게만 주어진다.

단순히 4차 산업혁명이라는 단어와 100세 시대라는 이슈를 알고 있다고 해서 미래의 위기와 기회에 대비할 수 있는 것은 아니다. 아무리 바빠도 더 나은 미래를 꿈꾼다면 현실에 충실하면서도 새로운 변화의 흐름에 보다 깊은 관심을 가질 필요가 있다. 그리고 현상만 바라볼 것이 아니라 변화가 일어나는 배경, 즉 복잡한 맥락을 제대로 이해함으로써 현상을 통찰한 후 나의 일, 나의 인생에 어떤 영향을 줄 것인지 다양한 관점에서 미래를 곰곰이 생각해보는 여유가 필요하다.

어린 시절, 필자의 집에 붙어 있던 가훈은 '근면하고 성실하게'였다. 20년 전만 해도 우리 사회의 미덕은 한눈팔지 않고 열심히 사는 것이었다. 필자의 아버지 역시 열심히 공부해서 좋은 은행에 취직해 30년간 성실하게 근무했지만 금융 개방과 세계화라는 흐름 속에서 터진 IMF 사태로 원치 않는 명예퇴직을 할 수밖에 없었다. 그리고 아무런 준비 없이 낯선 환경에 던져진 후 도전했던 두 번의 프랜차이즈 창업은 모두 실패하고 말았고, 안타깝게도 재기를 위해 빠져든 곳이 불법 다단계였다. 주변 사람 모두가 부러워한 엘리트 직장인이었던 아버지는 그렇게 한순간에 무너지고 말았다. 아버지는 그저 앞만 보고 열심히 근면하고 성실하게 살아온 죄밖에 없다.

하지만 필자가 지켜본 아버지를 생각하면 당연한 결과였다는 생각도 든다. 당시 은행을 다니던 아버지는 미래에 대한 준비보다 현재를 즐기는 편이었다. 당신이 즐겼던 취미 활동 중 생각나는 것만 해도 테니스, 골프, 수석, 난, 사진, 수지침, 서예, 비디오 촬영 등 다양했다. 하지만 현재 남아 있는 건 아무것도 없다. 뿐만 아니라 IMF가 터지기 몇 달 전, 아버지는 지인 소개로 프랜차이즈 식당을 오픈했다. 당연히 1년도 안 되어 망하고 말았다. 고등학생이었던 필자는 IMF 위기가 그 전부터 언급되고 있던 때에, 그것도 은행원이었던 아버지가 왜 식당을 오픈했는지 강한 의문이 들었다. 아마도 아버지는 은행에 다니는 직장인이었을 뿐 경제와 금융에는 큰 관심이 없었던 것 같다. 얼마 뒤 아버지는 다니던 은행의 합병과 함께 구조조정 명단에 오르고 말았다. 이때쯤엔 어느 정도 분위기를 읽으셨는지 주택관리사 자격증을 준비했지만 시험에 실패한 이후 재도전을 하거나 다른 준비를 하는 모습을 볼 수는 없었다. 갑작스러운 퇴직에 판단력이 흐려진 것인지 퇴직금을 지인에게 모두 사기당했고, 먹고살기 위해 빚을 내 오픈한 편의점은 5년간 큰 수익 없이 울며 겨자 먹기로 운영해야 했다.

우연히 고등학생 때 미래학이란 분야를 알게 된 것이 필자에겐 행운이지만, 미래학의 영향이 아니었어도 아버지를 통한 간접경험으로 인해 늘 주변 상황을 살피며 미래에 대비해야 한다는 생각을 했을 것이다. 실제로 직장을 다니면서 미래를 대비해야 한다는 생각이 더욱 강해지기도 했다.

옛말에 이런 말이 있다.

"일어나지도 않은 일에 대해 너무 걱정하지 말고 현재를 즐겨라."

하지만 그러기에는 과거보다 변화의 속도가 빨라졌고, 세상이 더욱 복잡해졌으며, 그로 인해 미래 불확실성 역시 커졌다. 미래에 대한 준비가 그 어느 때보다 중요해진 것이다.

인공지능과 로봇에게 일자리를 내주어야 하는 미래가 다가오는 요즘의 직장인들이야말로 위기에 대비하고 기회를 선점하기 위한 미래 역량을 끌어올려야 한다. 그리고 정부와 기업 역시 미래에 대비할 역량 있는 인재를 양성하는 데 아낌없는 투자가 절실하다. 부모님 세대에는 앞만 보고 '근면하고 성실하게' 한 회사에 충성만 하면 됐다면, 변화하는 세상에서 우리 세대가 생존하기 위해 가장 '근면하고 성실하게' 해야 할 것은 세상의 변화에 관심을 가지고 가끔은 딴 곳도 바라보는 것 아닐까? 지금 당장 스스로 어떤 위기에 대비하고 있으며 어떤 기회를 엿보고 있는지 생각해보자. 그리고 국가도 조직도 여러분의 미래를 보장해주지 않는다는 사실을 잊지 말자.

국가도 조직도
당신의 미래를
보장해주지 않는다.

아직도 벤치마킹만 하고 있는가?

벤치마킹은 정부, 기업, 개인 등 다양한 경제 주체가 자신의 성과를 제고하기 위해 참고할 만한 가치가 있는 대상이나 사례를 정하고, 그와의 비교 분석으로 필요한 전략 또는 교훈을 찾아보려는 행위다(참고: 네이버지식백과). 조직에서 지금까지 참 많이 들어왔고 실제로 변화와 혁신을 하는 데 가장 간단하고 쉬운 방법이 벤치마킹이기도 하다. 왜냐하면 벤치마킹은 내가 모든 걸 바꾸기 위해 노력할 필요 없이 경쟁자가 이미 하고 있는 것을 보고 그저 모방하면 되기 때문이다. 그래서 이러한 벤치마킹은 변화를 주도하기보다는 누군가 먼저 변화하기를 기다리는 전략이기도 하다.

변화의 속도가 지금처럼 빠르지 않던 시대에는 벤치마킹을 통해서도 충분히 성과를 낼 수 있었다. 다르게 말하면 지금까지는 리스크를 안고 먼저 미래를 예측하며 변화하지 않아도, 경쟁자의 변화에 빠르게 적응하기만 해도 나름의 성과를 낼 수 있었다는 것이다. 그래서 벤치마킹 외에도 적자생존, 패스트 팔로어와 같은 유사 용어가 사용되어 왔다. 하지만 지금과 같은 초변화의 시대에는 벤치마킹으로 쫓아가는 순간에 경쟁자는 저만치 더 앞서가 버린다. 그래서 벤치마킹만으로는 예전 같은 성과를 내기가 어렵고 특히 경쟁이 치열한 분야라면 미래를 먼저 상상하고 빠르게 변화와 혁신을 주도해야만 생존할 수 있는 상황이다. 최근 중국의 반도체굴기에 맞서 삼성전자 역시 초격차 전략을 선언하고 빠르게 미래를 선도해 나가기 위해 고군분투 중인 걸 보면 예전 같지 않은 상황임을 알 수 있다.

경영학자 톰 피터스Tom Peters는 이렇게 강조했다.

"이제 최고의 것을 베끼고 따라 하는 식의 벤치마킹Bench Marking을 버려야 한다. 미래에 통할 것들을 지금 상상해서 먼저 만들어야 한다. 이제는 퓨처마킹Future Marking의 시대다."

즉, 먼저 상상하고 예측하면서 위기에 대비하고 기회를 선점해야 한다는 것이다. 톰 피터스가 말한 퓨처마킹의 개념을 벤치마킹과 비교해서 필자가 조금 더 살을 붙인다면 이렇게 정의할 수 있겠다. 퓨처마킹이란, 복잡한 환경 변화의 맥락을 이해하고, 다양한 미래를 예측하면서, 위기와 기회에 선제적으로 대응하기 위한 변화와 혁신을 실행함으로써 원하는 미래를 창조해내고, 이 같은 활동을 지속 반복해 나가는 것이다. 여기서 중요한 실천 포인트는 **환경 분석, 미래 예측, 변화 실천**이다. 이 세 가지 중 어느 하나라도 게을리하면 원하는 미래를 창조할 수 없다.

벤치마킹과 퓨처마킹 비교

구분	벤치마킹	퓨처마킹
장점	• 스스로 변화를 인지하고 미래를 예측하는 노력 불필요 • 이미 검증된 사례를 통해 리스크 최소화 가능 • 도전과 실험으로 인한 실패 비용 부담 감소	• 종합적인 시각으로 환경 분석을 통해 지속적인 변화 모니터링 가능 • 다양한 미래를 먼저 상상하고 예측하면서 최적화된 전략 수립 가능 • 성공할 경우 시장을 선도하는 퍼스트 무버로 전환 가능
단점	• 변화의 속도가 빨라질수록 영원한 패스트 팔로어로 전략 불가피 • 동일 업종 경쟁자만 집중하다 고객과 시장의 변화에 무감각 • 맹목적 모방 시 조직의 상황에 맞지 않거나 전략 방향과 불일치	• 조직 내 공감대 부족 시 직원들의 변화 거부 및 갈등 발생 • 성공이 보장되지 않기에 끊임없는 도전과 실험 비용 부담 • 빠른 속도만을 추구하다 방향 상실과 윤리 결여 가능성

예전에 근무했던 직장에서 전략기획실의 직속 상사가 했던 말이 생각난다.

"지금 우리가 하는 사업을 죽일 수 있는 사업이 무엇인지 생각해 봐라."

물론 정말 그런 사업을 생각했을 때 과감히 실행할 수 있느냐가 관건이겠지만 어쨌든 필자에게는 매우 신선한 주문이었다. 상사의 말처럼 시장의 선도 기업일수록 벤치마킹은 의미가 없다. 스스로 본업을 위협할 수 있는 새로운 시장을 만들어내지 못하면 결국 위기를 맞이할 뿐이다. 한국의 산업과 기업들 역시 이미 글로벌 경쟁력을 갖춘 이상 이제는 과거처럼 선진국과 경쟁사 벤치마킹이 아닌 퓨처마킹에 집중해야 한다. 물론 벤치마킹이 가진 장점도 있다. 그러나 지금처럼 변화의 속도가 빨라지는 시기에는 벤치마킹에만 집중할 경우 치명적인 위기에 봉착하게 된다.

수많은 글로벌 자동차 기업들에게 가장 위협적인 존재는 기존의 자동차 경쟁 기업이 아니라 혜성처럼 나타난 미국의 전기차 기업 '테슬라'다. 테슬라는 2017년 4월 기준 시가 총액에서 세계 3대 자동차 회사인 미국 제너럴모터스를 제치고 자동차 업계 1위를 차지했다. 당시 포드의 시가 총액을 추월한 지 일주일 만이었다. 물론 최근에는 여러 가지 변수로 시가 총액이 다소 줄어든 상황이긴 하지만 여전히 미래 자동차산업에서 위협적인 존재임에는 틀림없다.

테슬라는 일론 머스크Elon Musk가 지난 2003년 설립했으며 고

이제 최고의 것을 베끼고
따라 하는 식의
벤치마킹을 버려야 한다.
미래에 통할 것들을
지금 상상해서
먼저 만들어야 한다.
이제는 퓨처마킹의 시대다.

성능 전기차 개발에 성공하며 전 세계 글로벌 완성차 기업들을 긴장하게 만들었다. 최근 지구온난화로 인한 환경오염에 대한 경각심이 높아지고 있는 가운데 모 자동차 기업의 배기가스 조작 사건으로 친환경차에 대한 전 세계의 관심이 고조된 상황이다. 이미 모든 완성차 기업들이 전기차 개발에 적극적으로 뛰어들고 있다. 하지만 이미 세계 최고 성능의 전기차이면서 자율주행기능까지 탑재한 테슬라가 자동차산업의 판도를 바꾸어놓았고 미래 자동차산업의 방향을 주도하는 상황에서 뒤늦게 따라가는 모습일 뿐이다. 테슬라는 벤치마킹을 할 경쟁자가 없는 상황에서 과감하게 퓨처마킹을 시도해 성공한 기업이라고 할 수 있다.

이런 자동차산업의 판도는 한때 휴대폰을 전혀 만들지 않았던 애플이 스마트폰이라는 개념의 아이폰을 탄생시키며 당시 최고의 휴대폰 기업이었던 노키아, 모토로라 등을 몰락시킨 상황과 매우 흡사하다. 테슬라를 창업한 일론 머스크 역시 자동차와는 전혀 무관한 간편 결제 시스템인 페이팔의 공동 창업자였다. 이를 보면 산업의 경계가 점차 사라지고 있는 요즘, 전혀 다른 산업에서도 얼마든지 경쟁자가 나올 수 있다는 경각심을 갖는 것이 중요해졌다.

LG경제연구원의 2015년 보고서 〈미래가 불확실해도 기업의 미래 예측이 중요한 이유〉에서도 사업 환경의 불확실성이 높아지면서 미래 예측의 어려움과 잘못된 예측이 초래할 위험성 또한 커지고 있지만, 많은 글로벌 기업들이 미래 예측 활동을 활발하게 전개하고 있는 것은 전략적 민첩성과 위기 대응력을 높여줄 수 있기 때문이라고 했다.

역사적으로 노키아는 미래 준비를 잘해온 기업이었다. 1865년 제지업으로 시작하여 1960년대 고무·타이어, 1980년대 컴퓨터, 2000년대 휴대폰 등 주변 환경 변화에 맞춰 발 빠른 변신을 통해 글로벌 선도 기업으로 우뚝 섰다. 1997년 출시되어 스마트폰으로 세계 최초의 상업적 성공을 거둔 9000커뮤니케이터도 다름 아닌 노키아의 작품이었다. 하지만 2000년대 후반 스마트폰 시대에 제대로 대응하지 못해 노키아는 몰락하고 말았다. 미래를 남들보다 먼저 예측했지만 올바른 대응 전략과 지속적인 전략 실행으로 연결시키지 못한 탓이다. 소니도 디지털 융·복합 시대의 도래를 누구보다 먼저 인식했지만 폐쇄적 생태계 전략을 무리하게 구사하다가 결국 쇠락했다고 보고서에서는 평가하고 있다.

이처럼 미래 준비에 적극적이었던 기업들조차 세상의 변화에 제대로 대응하지 못한 경우가 많다. 그렇다면 기업들은 왜 미래 예측을 하는 것일까? 또 분석된 미래 예측 결과를 전략 수립과 실행에 어떻게 연계시킬 수 있을까? 이들은 '미래는 움직이는 표적'이라는 관점 하에 사업 환경 변화를 모니터링하고 전략을 끊임없이 업그레이드 한다. 즉, 빠르게 변화하는 시대에는 지속적인 환경 분석과 끊임없는 미래 예측 노력으로 최적화된 미래를 만들기 위해서 스스로 변화하고 혁신해야 한다. 일시적인 위기 상황을 모면하기 위한 소극적인 벤치마킹은 그때뿐이며, 지속 가능한 생존 능력을 키우기 위해서는 반드시 조직과 개인의 적극적인 퓨처마킹 능력을 향상시키기 위해 노력해야 한다.

복잡한 세상을 입체적으로 바라보라

　필자가 20년 가까이 공부해온 미래학未來學은 한자를 풀어서 해석하면 글자 그대로 '아직 오지 않은 내일을 연구하는 학문'이란 뜻이다. 미래학이란 용어가 사용되기 시작한 것은 1940년대부터로 알려져 있다. 미래학의 탄생 배경은 20세기 후반 산업사회의 발달에 따라 환경과 사회 구조가 급격히 변화하며 야기된 문제와 새로운 현상들을 경제, 정치, 사회, 기술, 환경 등 다양한 관점에서 종합적으로 분석해 현재를 통찰하고 미래를 예측하며 현실적 대안을 마련해 나가고자 함이었다.

　영국의 산업혁명 이후 대량 생산 시스템 속에서 작업의 효율을 위해 분업이 이루어진 후 각 분야별 전문가가 필요해졌고, 대학의 학문 역시 보다 세분화되기 시작했다. 그로 인해 사람들이 세상을 바라보는 시야는 점차 좁아졌지만 산업사회의 발전 과정에서 세상은 오히려 더욱 복잡해졌다. 그러나 이제 다시 각종 현상들을 이해하고 통찰하기 위해서는 복잡한 맥락을 이해할 수 있는 보다 종합적인 사고가 필요해졌다. 한국도 언젠가부터 학교에서는 학문 간 벽을 없애며 융합 학문을 외치고 있고, 기업들이 원하는 인재도 융합형 인재로 변한 지 오래다. 즉, 전 세계가 연결되고 기업 간 경계가 사라지는 복잡성 시대에는 넓은 시야로 세상을 바라보는 시각이 중요해진 것이다.

이러한 상황에서 종합적으로 현대 사회의 변화를 분석하고 미래를 연구하기 위해 탄생해 미래 예측을 위한 체계적인 방법론을 발전시켜온 미래학은 그 의미가 깊다고 할 수 있을 것이다.

〈하버드비즈니스리뷰〉에 따르면 미국에서 기업의 수명이 해마다 짧아지는 이유는 커져만 가는

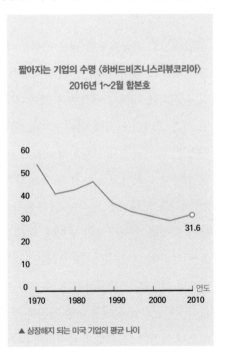

짧아지는 기업의 수명 〈하버드비즈니스리뷰코리아〉
2016년 1~2월 합본호

▲ 상장해지 되는 미국 기업의 평균 나이

복잡성에 적절하게 대응하지 못했기 때문이라고 한다. 즉, 기업이 속한 해당 산업의 미래만 예측하는 것이 경쟁력이 아니라 서로 영향을 주고받는 복잡한 산업 전체에 대한 종합적인 통찰이 요구되는 상황인 것이다. 개인도 점차 복잡해지는 이 세상의 수많은 현상들을 단순하게만 바라보면 현재 상황을 제대로 파악할 수 없고, 미래에 대한 대비 또한 제대로 할 수가 없다. 결국 올바른 환경 분석을 위해서는 현상에 대한 복잡한 맥락을 읽어내는 종합적이고 융합적인 사고가 필수다. 다르게 표현하면 세상을 평면으로 보지 말고 입체적으로 바라봐야 한다고 할 수 있겠다.

앞에서도 언급했지만 많은 사람들이 100세 시대, 고령화라는 현상을 알고는 있지만 본인이 100세까지 살았을 때 일어날 미래의 위기나 기회에 대해서 생각해본 적이 거의 없다. 아니, 정확하게 말하면 뇌가 그러한 미래에 대해 예측을 할 수 없는 것이다. 하지만 고령화는 왜 일어나는지, 고령화의 속도는 어떤지, 100세 이상 인구는 정말 얼마나 늘어나고 있는지 등 고령화라는 말이 자주 언급되는 복잡한 맥락을 이해하면 생각이 달라질 수 있다. 100세 시대라는 말은 단지 수명과 인구구조의 변화에 대한 이야기 같지만, 사실 이 현상을 이해하기 위해서는 기술 트렌드도 함께 들여다봐야 한다. 그렇지 않으면 왜 나도 100세까지 살 수 있는지에 대해 제대로 통찰할 수가 없다. 즉, 100세 시대에 대한 확신을 갖게 해주는 데이터가 들어오지 않으니 뇌 역시 심각하게 생각하지 않는 것이다.

현대 사회에서 수명이 늘어나는 가장 큰 이유는 일단 1차 산업혁명 이후 인간이 힘든 육체적 노동을 하는 경우가 급격하게 줄어들었다는 점이다. 그리고 진일보한 의학기술에 디지털기술이 융합되면서 4차 산업혁명과 함께 헬스케어 혁명은 어느 영역보다 빠르게 발전하고 있다. 빅데이터기술로 유전자를 분석해 발병 확률이 높은 병에 대비하고, 인공지능이 의사를 대신해 진단을 하기도 하며, 몸에 웨어러블 기기를 장착하고 스스로 건강 관리를 할 수 있는 데다, 미래에는 3D바이오프린팅기술을 통해 장기도 프린팅해 이식할 수 있을 전망이다. 아마도 이러한 기술 트렌드에 대해 관심을 가지고 지속적으로 트렌드 리딩을 해온 사람과 그렇지 않은 사람이 고령화라는 트렌드를 이해하고 자신의 미래를 준비하는 능력은 전혀 다를 것이다.

최근 미국과 중국 간에 벌어지고 있는 무역 전쟁 역시 미중 간 경제적인 이익을 위한 전쟁이라고 치부할 수도 있겠으나, 그들의 속내를 들여다보면 단순히 경제적인 이익만을 위한 전쟁은 아님을 알 수 있다. 오랫동안 패권을 차지하고 세계의 경찰로서 자리매김해온 미국은 최근 중국이 세계 최대 생산 기지로 발돋움하면서 빠르게 경제 규모, 기술 수준, 군사력 등에서 위협적인 존재로 부상함에 따라 위기감을 느꼈을 것이다. 그리고 2008년 금융 위기 이후 미국의 영향력이 약해진 틈을 타 경제뿐만 아니라 정치·외교적으로도 중국의 영향력이 커지면서 미국 입장에서는 패권을 계속 유지하기 위해 어떤 조치든 필요한 상황이다. 게다가 트럼프 대통령 입장에서는 중간선

거를 앞두고 지지율을 끌어올리기 위한 이벤트도 절실한 상황이었고, 4차 산업혁명과 함께 빠르게 미국의 과학기술에 도전하고 있는 중국을 저지하기 위해서도 무역 전쟁은 불가피했을 것이다.

흔히 정치·경제라는 말을 많이 쓰는데 정치와 경제는 떼려야 뗄 수 없다는 뜻이다. 이제 기술의 변화마저 정치와 경제에 큰 영향을 주고 있다. 복잡성 시대에 일어나는 현상의 원인은 하나가 아니라 복합적이기에 다양한 시각에서 바라보지 않으면 안 된다. 미중 무역 전쟁과 같은 현상도 복잡한 맥락을 제대로 통찰하려면 그 이면을 구석구석 들여다봐야 한다. 점점 복잡해지는 세상 속에서 미래학자처럼 보다 깊고 넓게 바라보는 입체적 사고가 필요한 이유다.

이 세상에서 일어나는 현상이나 개인의 주변에서 일어나는 일 그리고 조직에서 발생하는 어떤 문제도 단순한 것은 없다. 하지만 우리는 너무 단순하게 이 세상을 바라보고 있는 듯하다. 우리의 눈에 보이는 것은 빙산의 일각일 뿐인데 말이다. 세상이 복잡해졌다는 건 나와 조직을 둘러싼 환경을 제대로 이해하기 위해 신경 써야 할 것이 많아졌다는 의미다. 그렇다면 전에 보지 않던 것도 더 들여다봐야 하고, 평소에 관심을 가지지 않았던 영역도 둘러봐야 한다. 조직의 입장에서는 더 많은 산업과 체급이 같은 경쟁자가 아닌 스타트업도 주시해야 산업이 돌아가는 상황을 제대로 파악할 수 있다. 아마도 앞으로 미래 조직들은 끊임없이 복잡한 환경을 모니터링하고 미래를 연

더 나은 미래를 원한다면
한정된 시간을
어디에 써야 할지,
중요한 것이 무엇인지
스스로에게
질문해볼 필요가 있다.

구하는 조직이 별도로 필요할지도 모른다.

　개인의 입장에서는 복잡한 환경에서도 업무 성과를 내고 삶에서 올바른 의사결정을 하기 위해 학습 영역과 학습 시간을 더 늘리는 수밖에 없다. 하지만 바쁜 일상 속에서 이 모든 것들에 관심을 가지고 관리한다는 것이 생각처럼 만만한 일이 아니다. 신경 써야 할 것이 많아졌다는 것은 그만큼 부지런해져야 한다는 뜻이다. 그러려면 누구에게나 주어진 24시간을 보다 효과적으로 관리하고 낭비되는 시간을 줄여야 한다. 최근 국내에서도 시간 관리의 기술, 정리의 기술 등과 같은 자기계발서가 베스트셀러가 된 이유도 바로 그것이 복잡성 시대에 필요한 새로운 역량이기 때문이다.

　많은 직장인들이 책을 많이 못 읽는 이유는 십중팔구 시간이 없어서다. 하지만 그건 핑계일 뿐이다. 똑같은 직장인이라도 분명 책을 많이 읽는 이들도 있다. 그리고 시간이 없다고 하지만 대부분의 사람들은 TV를 보고, 스포츠를 관람하고, 술을 먹고, 영화를 보는 등 수많은 곳에 시간을 쓰고 있다. 결론은 시간이 없는 것이 아니라 시간을 어떻게 쓸 것이냐의 문제다. 경제학에서 나오는 '기회비용'이라는 말처럼 하나를 얻으려면 하나를 잃을 수밖에 없다. 더 나은 미래를 원한다면 한정된 시간을 어디에 써야 할지, 중요한 것이 무엇인지 스스로에게 질문해볼 필요가 있다.

지금 당장 24시간이란 나의 시간이 어디에 쓰이는지 점검하자. 그리고 미래를 위해 불필요한 곳에 시간이 낭비되고 있다면 조금만 줄여보자. TV를 보지 말고, 술을 먹지 말라는 것이 아니라 조금 과하다는 생각이 드는 시간을 줄이라는 말이다. 그 시간을 복잡한 세상을 이해하기 위한 학습에 아낌없이 투자해보라. 분명 세상을 보는 눈이 달라지고, 보이는 미래도 달라질 것이다.

미래학자는 어떤 미래를 연구할까?

미래학을 영어로는 'Futures Studies'라고 한다. 미래를 'Future'가 아닌 'Futures'라고 표현하는 이유는 미래학에서 연구하는 미래는 단 하나의 미래가 아니라 다양한 가능성의 시각에서 나오는 복수의 미래이기 때문이다. 그러면 미래학자들은 과연 어떤 미래를 연구하는 것일까? 그들의 미래 연구 방식을 참고해서 퓨처마킹을 한다면 막연하게 미래를 상상하고 예측해야 하는 어려움을 조금은 극복할 수 있을 것이다.

미래학자들은 세 가지의 미래를 연구한다. 'Possible(가능한) 미래', 'Probable(개연성이 있는) 미래' 그리고 'Preferable(바람직한) **미래**'다.

　먼저 Possible(가능한) 미래는 앞으로 미래에 발생할 가능성이 상당히 높은 미래를 뜻한다. 예를 들면, 인간의 수명이 점차 늘어나는 고령화와 관련된 미래라든지, 과학기술의 발달로 인간의 일자리가 상당수 대체되는 미래라든지, 지구온난화로 기후 변화가 더욱 가속화되는 미래 등이다. 이미 다양한 팩트Fact와 데이터Data를 기반으로 충분히 짐작해볼 수 있는, 어느 정도 확실하고 가능성이 높은 미래라고 할 수 있다. 여기서 아마 여러분 중 누군가는 이런 질문을 할지도 모르겠다.

　"그런 미래라면 이미 누구나 다 알고 있는 것들 아닌가?"

　그렇다. 방송이나 신문지상을 통해서 한 번쯤은 보고, 듣고, 알고 있는 미래일 수 있다. 하지만 중요한 건 Possible(가능한) 미래를 알고 있는가가 아니라, 이 실현 가능성이 높은 미래에 얼마나 관심을 가지고 있는가이다. 대부분의 사람들은 고령화, 인공지능과 로봇, 기후 변화에 대해 알고는 있지만 정작 이로 인해 일어날 미래에는 깊은 관심을 갖고 있지 않다. 그나마 2016년 3월 알파고와 이세돌의 바둑 대결 덕에 인공지능기술에 대한 관심이 높아지긴 했지만, 얼마 지나지 않아 관심은 이전 수준으로 돌아간 것을 네이버 검색량을 통해서도 확인할 수 있다. 현재 크게 문제가 되지 않을뿐더러 정부, 기업, 개인 할 것 없이 당장의 이익 실현을 위한 일에 선택과 집중을 하는 경우가 많은 것이다. 하지만 그러다 변화의 시기를 놓치면 이미 현실이 되어버린 미래는 돌이킬 수 없다.

반면 누구나 알고 있는 Possible(가능한) 미래지만 남들이 관심을 가지지 않을 때 관심을 가지고 관련된 팩트와 데이터를 더 많이 들여다본다면 훨씬 더 미래의 위기와 기회에 잘 대응할 수 있다. 무엇보다도 일단 가능성이 높은 미래가 무엇인지를 알아야 그다음 미래인 Probable(개연성 있는) 미래 연구로 나아갈 수 있다.

그렇다면 두 번째 미래인 Probable(개연성 있는) 미래란 어떤 미래일까? 먼저 '개연성蓋然性'의 사전적 의미를 살펴볼 필요가 있다. 《문학비평용어사전(2006, 새미)》에 의하면 '개연성'이란 사건이 현실화될 수 있는 확실성의 정도 또는 가능성의 정도라고 나와 있다. 문학에서는 허구적인 작품의 어떤 내용이 실제로 있다는 충분한 근거는 없지만, 현실화될 수 있거나 참이 될 수 있는 가능성이 있는 것을 가리킨다. 이 말은 아리스토텔레스가 《시학》에서 사용한 것으로 흔히 허구는 거짓을 뜻하지만 문학에서 허구는 개연성을 띤 허구, 곧 현실성이나 진실성을 띤 허구로 간주된다. 다만 그 개연성이 얼마나 높고 낮은지는 제시되는 논리적 근거에 의해 결정된다.

다시 말해 Probable(개연성이 있는) 미래란 앞에서 언급한 Possible(가능한) 미래를 기반으로 상상력을 발휘한 미래로, 어느 정도의 현실화 가능성이 내재된 미래다. 단, Probable(개연성이 있는) 미래를 설명하기 위해서는 그러한 미래가 가능한 논리적 근거, 즉 팩트와 데이터를 기반으로 인과관계를 제시할 수 있어야 한다.

전 세계가 고령화되어 가는 것은 Possible(가능한) 미래지만 내가 100세가 되는 미래는 확실하진 않아도 Probable(개연성이 있는) 미래다. 그리고 이 미래의 개연성을 설명할 수 있는 이유는 이미 인간의 생물학적 나이가 120세를 넘은 사람도 현존하고 100세를 넘은 사람들이 늘어나고 있다는 팩트와 데이터가 존재하기 때문이다. 이처럼 Probable(개연성이 있는) 미래는 논리적 근거에 따라 개연성이 높을 수도 있고 낮을 수도 있지만 다양한 관점에서 가능성을 생각하며 상상력을 발휘할 필요가 있다.

시대의 흐름과 장기적 대세에 따른 Possible(가능한) 미래를 기반으로, 객관적인 팩트와 데이터를 연결하여 Probable(개연성이 있는) 미래를 상상하고 예측한다면 다양한 위기와 기회를 그려볼 수 있다. 그리고 Probable(개연성이 있는) 미래는 일어날 가능성이 높은 미래만 연구할 것이 아니라 작은 가능성까지도 들여다보는 수고가 필요하다. 일어날 가능성은 극히 낮지만 실현될 경우 파급 효과가 어마어마한 사건 같은 미래도 연구의 대상이 되어야 하며, 오히려 누구나 생각해낼 수 있는 미래보다는 가능성이 낮은 미래를 예측할 수 있어야 최악의 시나리오에도 대비할 수 있다.

누구나 생각해낼 수 있는
미래보다는
가능성이 낮은
미래를 예측할 수 있어야
최악의 시나리오에도
대비할 수 있다.

마지막으로 남은 미래는 Preferable(바람직한) 미래다. 그런데 흔히 영어 'Preferable'은 '더 나은, 선호하는'이란 뜻으로 많이 알고 있는데 여기서는 '바람직한' 미래라고 하여 의아한 분들이 있으리라 생각된다. 퓨처마킹을 통해 다양한 가능성을 엿보다 보면 누구에게나 좋아 보이는 미래가 있다. 그걸 먼저 잡기 위해 당장 움직이는 것도 중요하지만, 더 중요한 건 모든 미래가 자신에게 맞는 것은 아니라는 사실이다. 아무리 좋아 보이는 미래도 각자가 가지고 있는 역량과 현재의 상황에 따라 내게 맞는 미래일 수도 있고 맞지 않는 미래일 수도 있다. 그러므로 무조건 더 나아 보이고 모두가 선호하는 미래를 비전으로 삼아 무작정 달려가기보다는 자신에게 맞는 미래를 찾아야 한다. 어떻게 보면 미래학자들이 연구하는 상기 세 가지 미래 중에서 가장 중요한 것은 미래의 다양한 가능성들 중에서 인류가 이룩해야 할 가장 바람직한 미래가 무엇인지를 보여주는 Preferable(바람직한) 미래가 아닐까? 그리고 그러한 바람직한 미래가 우리가 변화를 통해 달성해야 할 진정한 미래 비전이다.

미래 비전이 곧 당신의 미래다

　미래학자가 연구하는 세 가지 미래에 대해 이해했다면, Possible(가능한) 미래에 관심을 가지고 수많은 가능성을 탐색하면서 Probable(개연성이 있는) 미래를 최대한 폭넓게 그려본 뒤 그중 나에게 Preferable(바람직한) 미래를 찾아 나가는 프로세스도 이해했을 것이다. 이는 정부, 기업, 개인 모두에게 해당하는 사안이다. 기업이 모든 미래의 기회를 다 잡기 위해 움직이다 보면 선택과 집중이 되지 않아 전략적 경영이 힘들고, 정부 역시 선진국이 하는 모든 것을 다 따라 하다가는 자기 나라만의 강점을 살릴 수가 없다. 각자의 장점을 최대한 살릴 수 있는 미래 기회에 선택과 집중을 해서 적극적으로 투자하고 지원하는 게 바람직하다. 개인은 남들이 아무리 좋은 기회라고 해도 내게 충분한 역량이 있는지 생각하면서 뛰어들어야 한다. 특히 남의 말만 듣고 투자하거나 창업을 하는 실수를 저지르지 않도록 유의해야 하며, 세상을 알아도 나를 모르면 백전백패할 수 있음을 명심해야 한다.

그리고 미래학에서 Preferable을 '바람직한'으로 표현하는 또 하나의 이유가 있다. 현실적으로 자본주의 사회에서 정부, 기업, 개인이 원하고 선호하는 미래란 주로 국가의 부를 창출해 경제성장률을 높일 수 있는 미래, 기업의 수익을 극대화할 수 있는 미래, 개인이 돈을 더 많이 벌 수 있는 미래로 그려진다. 하지만 모두가 이러한 미래만을 선호하고 이를 미래 비전으로 삼고 달려간다면 세상은 정말 암울해질 것이다. 자연환경보다는 경제성장률에 목매는 정부, 고객과 직원의 행복보다는 오로지 수익에만 집중하는 갑질 기업, 상대방을 배려하고 공감할 줄 모르고 오로지 개인의 이익만 추구하는 이기적인 사회가 과연 우리가 바라는 더 나은 미래라고 할 수 있을까? 미래학에서 미래학자들은 궁극적으로 다양한 미래 가능성 연구를 통해 인간이 나아가야 할 '가장 바람직한 미래'를 비전으로 수립하고 그 미래 비전을 현실화하기 위해 지금 당장 어떤 변화를 실천해야 할지 대안을 제시하고자 한다. 이것이 바로 우리가 미래학자들을 통해 배울수 있는 진정한 퓨처마킹의 기술이다.

그럼 이쯤에서 미래학자들이 연구하는 세 가지 미래를 생각하며,

우리도 미래학자처럼 퓨처마킹을 한번 해보자. 앞에서 Possible(가능한) 미래 예시로 고령화를 제시했는데, 참고로 미래창조과학부의 2015년 연구 자료에 10년 후 대한민국 미래 이슈 28개 중 가장 영향력이 높은 이슈로 선정된 것이 바로 '저출산 초고령화 사회'다. 이 중 초고령화 사회와 관련된 Probable(개연성이 있는) 미래를 다양하게 그려보자. 여기서는 개인의 미래에만 초점을 맞춰서 살펴보고자 한다.

일단 약 10년 후에 대한민국이 초고령화 사회에 진입한다는 것은 통계상으로는 이미 정해진 미래나 다름없다. 필자나 여러분이 90세, 100세를 살지 안 살지는 모르지만 이미 전 세계 인구 중 100세를 넘긴 사람은 많다. 게다가 과학기술의 발달로 헬스케어기술 역시 매우 발달해 개인의 수명이 길어질 거란 미래 예측은 매우 개연성이 있다. 그럼 100세까지 생존해 있다는 상상을 하면서 세 가지 정도의 원하는 미래를 생각해보자. 돈을 많이 모아 여유 있는 100세, 오랫동안 일을 할 수 있는 능력을 갖춘 100세, 그리고 건강한 100세. 여러분은 어떤 미래를 원하는가? 아니, 어떤 미래가 가장 바람직한 100세 시대의 미래라고 생각하는가?

아마도 대부분 노후를 위해서 가장 중요하다고 생각하는 건 여유로운 생활을 위한 노후 자금, 제2의 인생을 위한 준비일 것이다. 하지만 다시 한 번 눈을 감고 여러분이 실제 100세가 되었다고 상상해보자. 아직도 재테크와 제2의 인생이 가장 중요하다고 생각되는가? 조금만 생각해보면 초고령화 시대에 개인에게 가장 바람직한 미래, 즉 Preferable 미래는 건강한 100세라는 것을 알 수 있다. 재테크를 통해 많은 부를 축적해두어도 건강하지 않다면 아무 소용이 없을 것이며, 제2의 인생을 위해 새로운 기술을 배우고 자격증을 땄다고 해도 건강하지 않으면 무용지물이다. 결국 초고령화 사회에 개인의 가장 바람직한 미래 비전은 '건강한 100세'이며, 노후 자금과 제2의 인생은 차순위가 되어야 한다. 이렇게 미래 비전이 달라지면 현재에 우리가 취하게 되는 행동도 달라지며, 바람직한 미래를 위해 내가 가진 자원인 돈, 시간, 에너지를 선택하고 집중하는 것도 달라진다. 우리가 퓨처마킹을 통해 그저 선호하는 미래가 아닌 바람직한 미래 비전을 수립해야 하는 이유다.

미래학자 토마스 프레이Thomas Frey는 이렇게 말했다.

"현재를 열심히 살면 원하는 미래가 오는 것이 아니라 미래 비전이 현재를 바꾸고, 현재를 어떻게 변화시키느냐가 미래를 결정한다."

목표가 없고 꿈이 없으면 움직일 수 없듯이 미래를 위한 나침반이 있어야 행동을 위한 의사결정을 할 수 있다. 단, 미래 비전을 수립하는 것 그 자체가 목적이 아니라 '바람직한 미래 비전'을 수립하는 것이 목적이 되어야 한다.

미래 비전이 달라지면
현재에
우리가 취하게 되는 행동도
달라지며,
바람직한 미래를 위해
내가 가진 자원인
돈, 시간, 에너지를
선택하고 집중하는 것도
달라진다.

4차 산업혁명 시대는 상상이 현실이 되는 시대라고 한다. 그래서 가장 먼저 상상해야 가장 먼저 도전하게 되며, 원하는 미래에도 가장 먼저 도착하게 된다. 하지만 속자생존, 퍼스트 무버, 퓨처마킹이란 말이 단순히 속도만을 요구하고 있는 건 아니라는 점을 명심하자. 아무리 빨리 달려도 방향이 올바르지 않다면 결국 우리가 원하는 바람직한 목적지에는 절대 도달할 수 없을 테니 말이다.

FUTURE MARKING

2.

인간은 미래를 예측할 수 있을까?

"어설픈 상상이 비즈니스를 망친다. 먼저 관찰하라."

《상상하지 말라》(송길영 저, 2015, 북스톤) 중에서

미래는 '예언'이 아니라 '예측'하는 것이다

흔히 사람들은 미래를 예측할 수 없다고 하지만 정확히 말하면 예언할 수 없는 것이지 예측할 수 없는 것은 아니다. 일반적으로 우리가 알고 있는 예측과 예언이라는 단어 자체의 의미는 큰 차이가 없이 사용되고 있다. 그러나 미래학에서는 미래 예측과 미래 예언을 아래와 같이 명확히 구분해서 설명한다.

미래 예측은 인간이 미래를 안다는 것은 불가능하다는 것을 인정하며 인간은 가능성을 추정할 뿐이라는 관점을 가지고 있다. 즉, 미래학에서 미래 예측은 가능성 중심의 미래 시각에서 출발하는 것이며, 다양한 방법론을 적용하여 발생 가능한 시나리오를 밝혀 제시하는 일이라고 정의한다. 반면 미래 예언은 뛰어난 예지력을 가진 사람이 결정론적 시각에서 미래에 관해 던지는 주관적 진술이다. 이는 하나의 미래를 제시하는 결정론으로 사람들을 운명론에 빠져들게 하여 미래 개척을 위한 노력을 유발하지 않는다. 뿐만 아니라 미래를 하나의 시나리오로 결정지어 버리기 때문에 새로운 변화가 일어났을 때 수정 편집할 이유가 없다. 하지만 미래 예측은 늘 다양한 변수를 모니터링하면서 더 나은 또는 더 바람직한 미래를 예측하기 위해 끊임없이 수정 편집해 나간다. 미래 예측은 한 번으로 끝나는 것이 아니라 지속적으로 해나가야 하는 것이다.

미래 예측 vs 미래 예언

미래 예측	미래 예언
• 인간이 미래를 안다는 것은 불가능함 • 인간은 가능성을 추정할 뿐이라는 관점 • 예측은 가능성 중심의 미래 시각에서 출발하는 것이며, 다양한 방법론을 적용하여 발생 가능한 미래 시나리오를 밝혀 제시하는 일	• 예언은 뛰어난 예지력을 가진 사람이 결정론적 시각에서 미래에 관해 던지는 주관적 진술 • 이는 결정론이므로 사람들을 운명론에 빠져들게 하여 미래 개척을 위한 노력을 유발하지 않음

이렇게 미래 예측은 미래에 대한 다양한 가능성을 들여다보는 작업이다. 그럼에도 불구하고 대다수의 사람들은 미래는 예측할 수 없다고 생각해 스스로 미래 예측을 위한 노력 자체를 게을리하고 있다. 그러다 보니 자신이나 조직의 미래를 점쟁이나 컨설팅사에게 함부

미래 예측은
한 번으로 끝나는 것이 아니라
지속적으로 해나가야 한다.

로 맡겨버리는 우를 범하기도 한다. 물론 점쟁이가 예언한 미래가 어쩌다 맞을 수도 있다. 하지만 점쟁이들이 과연 짧은 시간 동안 여러분에 대해 얼마나 이해하고 미래를 그려낼 수 있을까? 점쟁이는 미래에 대해 좋은 얘기 아니면 안 좋은 얘기 둘 중에 하나를 제시한다. 당신은 10년 후에 좋아질 것이다, 무엇무엇은 위험하다는 점쟁이의 예언은 노력으로 미래를 만들어가기보다 나태해지거나 쓸데없이 불안해하면서 살게 하는 악수가 될 뿐이며, 이는 자신의 미래를 남에게 맡기는 매우 위험한 일이다. 컨설팅사에 회사의 방향을 맡기는 일 역시 비즈니스 환경 분석과 조직 분석을 통해 어느 정도 도움을 줄 수는 있겠지만, 지금처럼 복잡하고 불확실성이 커진 시대에는 컨설팅사의 능력에도 한계가 있을 수밖에 없다. 가장 바람직한 것은 조직 내 인재들을 활용해 조직과 환경에 대한 모니터링을 철저히 할 수 있는 시스템을 만들고, 이를 통해 자기 조직의 미래를 다양하게 그리면서 조직 스스로 미래의 위기와 기회에 대응할 수 있는 역량을 강화하는 것이다.

미래 예측은 '내'가 아닌 '뇌'가 한다

미국의 철학자인 다니엘 데넷Daniel Dennett은 이렇게 말했다.

"인간 두뇌의 근원적인 목적은 미래를 만들어가는 데 있다.
인간은 본질적으로 예측하는 기계다."

그의 말처럼 인간은 기본적으로 미래를 예측할 수 있는 능력을 타고난다. 정확히 말하면 그러한 기능이 선천적으로 뇌에 갖춰져 있다. 단지 그 기능을 얼마나 활성화시키느냐에 따라 각 개인의 퓨처마킹 능력이 달라질 뿐이다. 필자도 최근 인공지능기술을 공부하는 과정에서 뇌과학 분야에 관심을 가지게 되었는데, 뇌에 대해서 이해를 하

인간은 기본적으로
미래를 예측할 수 있는 능력을
타고난다.
그러한 기능이
선천적으로 뇌에 갖춰져 있다.

다 보니 노력만 하면 누구나 퓨처마킹 능력을 키울 수 있음을 확신하
게 되었다.

그렇다면 이쯤에서 인간의 뇌에 대해 잠시 공부해보자. 뇌는 크게
전두엽, 두정엽, 후두엽, 측두엽으로 이루어져 있는데, 그중에서 전두
엽에 손상을 입으면 앞일을 계획하거나 미래를 상상하기가 매우 어
려워진다. 전두엽의 전전두피질이 감각 정보를 평가하고 향후 행동
을 결정하는 역할을 하기 때문이다. 즉, 인간의 두뇌는 두정엽, 측두
엽, 후두엽을 통해 들어오는 감각 정보를 전두엽에서 종합적으로 평
가해 앞일을 예측하여 문제를 해결하고 향후 행동에 대한 의사결정
을 한다. 물론 여기서 말하는 감각 정보는 오래전에 학습되었거나 기
억되어 있는 정보와 새롭게 입력된 정보 모두를 뜻한다. 각자가 받아

뇌의 기능

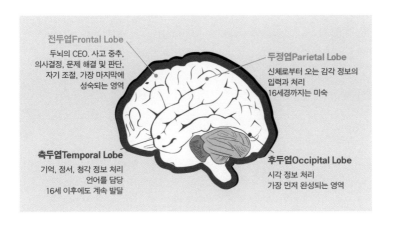

전두엽Frontal Lobe
두뇌의 CEO. 사고 중추,
의사결정, 문제 해결 및 판단,
자기 조절, 가장 마지막에
성숙되는 영역

두정엽Parietal Lobe
신체로부터 오는 감각 정보의
입력과 처리
16세경까지는 미숙

측두엽Temporal Lobe
기억, 정서, 청각 정보 처리
언어를 담당
16세 이후에도 계속 발달

후두엽Occipital Lobe
시각 정보 처리
가장 먼저 완성되는 영역

미래를 예측하는 건
'뇌'다.

들이는 정보에 따라 전두엽의 앞일을 계획하고 미래를 상상하는 능력은 천지 차이가 될 수 있다. 이렇게 보면 미래는 내가 예측하는 것 같지만 결국 미래를 예측하는 건 '뇌'다.

예를 들어, 비가 올 때는 우산을 써야 한다는 사실을 알고 있고 우산이 없을 때 비가 오면 어떻게 되는지 직간접 경험을 통해 학습된 사람이 있다고 하자. 그런 사람이 아침에 출근을 하면서 날씨 정보를 봤을 때, 비 올 확률이 높다면 그는 당연히 우산을 챙기고 비에 잘 젖지 않는 옷과 가방을 선택할 것이다. 이처럼 한 개인이 가진 정보와 경험에 따라 예측은 달라지고 행동이나 의사결정도 달라진다. 똑같은 날씨 정보를 기반으로 비가 올 수도 있다는 미래를 예측했다고 해도, 우산 없이 비를 만난 경험이 없는 사람들은 '설마 비가 오겠어?' 하며 평소와 다름없이 나가기도 할 것이다. 참고로 필자는 기상 정보를 믿고 우산 없이 나갔다가 낭패를 본 경험이 있어서 기상 정보가 늘 정확할 수 없다는 사실을 학습했다. 그래서 아예 가방에 작은 우산을 늘 구비해 다닌다. 미래에 대한 불확실성을 아예 제거해버리고 걱정거리를 하나 줄이기로 한 것이다. 물론 매일 우산을 들고 다니는 불편함이 있긴 하지만 최대한 작은 우산으로 무게를 줄이는 방법을 택했다. 어차피 급한 상황에 대비하기 위한 우산이기 때문이니까. 중요한 것은 예측하는 기능은 모든 뇌가 가지고 있지만 결국 학습과 경험을 통한 데이터가 풍부할수록 뇌의 예측 능력과 의사결정 능력이 좋아진다는 사실이다.

가족 중에 이미 90세 이상이나 100세 가까이 살고 있는 분이 있다면, 간접경험을 통해 건강의 중요성을 깨닫게 될 것이다. 그런 사람의 뇌는 스스로 100세 고령화 시대의 미래를 남다르게 생각하고 있지 않을까? 필자의 증조할머니와 증조외할머니는 모두 아흔을 넘게 사셨고 현재 외할머니, 외할아버지 모두 아흔을 넘기셨지만 여전히 건강하다. 그래서 필자도 큰 문제가 없으면 오래 살 거란 생각을 한다. 다만 초등학생 시절 증조할머니께서 치매로 필자의 집에 잠시 계셨던 모습을 생각하면 절대 치매에는 걸리지 않도록 조심해야겠다는 생각도 한다. 뿐만 아니라 고등학생 때 미래학을 접한 뒤론 고령화에 대한 관심을 일찍부터 가지고 관련 책과 신문을 많이 읽어왔다. 최근엔 고혈압이 있는데도 약을 잘 챙겨 드시지 않았다가 뇌경색으로 쓰러진 아버지를 보며 가족력인 고혈압에 대해서도 관심이 생겼다. 열심히 운동도 하고 먹는 것도 조절하며 노력 중이다. 필자의 100세 시대 미래에 대한 대비는 뇌가 수많은 정보를 종합적으로 판단해서 미래에 대한 상상을 그린 덕분에 가능했다. 고령화와 관련된 정보를 많이 접했기 때문에 뇌의 미래 예측 능력이 달라지고 의사결정 역시 달라진 것이다.

결국 인간의 뇌는 기본적으로 예측 능력을 가지고 있지만, 사람마다 현재 시점에 미래를 예측하는 능력이 차이 나는 것은 각자가 뇌에 공급해준 경험적 정보와 학습 정보의 차이 때문이다. 즉, 뇌의 미래 예측 기능을 활성화시키고 올바른 의사결정을 하는 것은 주변 환경은 물론이고 개개인의 노력에 달렸다고 볼 수 있다. 최근 일어난 일부 대기업 총수 자녀들의 갑질 사건들 역시 어쩌면 어릴 때부터 보고 배워온 부모의 모습과 주어진 환경 속에서 학습된 정보로 인해, 변화된 세상 속에서 자신들의 말과 행동이 야기할 미래를 올바로 예측하지 못해 일어난 사건들이 아닐까? 개인적으로 갑질 문제는 과거 돈 많고 권력 있는 자들이 하던 행동을 그 아랫세대가 그대로 학습한 후, 세상이 변하고 국민들의 정서가 변했음에도 유사한 상황에서 예전과 똑같이 행동하며 벌어지는 일이라고 생각한다. 그러나 지금은 과거와 달리 갑질이 실시간으로 보도되며 국민의 질타를 받는다. SNS를 타고 언제든지 전 세계로 퍼져나갈 수도 있다. 그럼에도 갑질이 멈추지 않는다는 것은 여전히 그들이 시대의 흐름을 읽지 못하고 있다는 뜻이며, 이는 변화에 대한 학습을 게을리하고 새로운 시대의 정보를 뇌에 제대로 공급해주지 못했다는 이야기다.

'꼰대'라는 말도 이와 무관하지 않다. 누군가는 '나는 절대 꼰대가 되지 않을 거야!'라고 자신하겠지만 모든 사람은 꼰대가 된다. 다만 꼰대의 정도가 다를 뿐이다. 아무리 리더와 어른들이 시대의 흐름을 읽기 위해 노력한다고 해도 놓치는 것이 있다. 꼰대가 되는 것을 두려워할 것이 아니라 내가 몰랐던 사실을 알게 되었거나 잘못된 행동에 대해 지적받았을 때 겸허히 받아들이고 인정할 수 있는 자세를 갖는 것이 더 중요하다. 최근에는 늘어나는 가짜뉴스로 인해 시대의 상황을 올바로 이해하지 못하고 미래를 제대로 내다보지 못해 잘못된 의사결정을 하는 이들도 많아지는 것을 보면 각자가 뇌에 공급하는 정보의 질이 얼마나 중요한지 새삼 느끼게 된다.

인공지능기술이 발전하는 양상을 보면 이 또한 인간의 뇌를 모방해서 만들어지는 기술임을 알 수 있다. 그러므로 인공지능 역시 인간의 뇌처럼 지속적인 학습을 위해 데이터의 양과 질이 매우 중요하다. 인공지능도 데이터의 오류로 잘못된 학습이 이루어질 수 있고, 그 결과 올바르지 못한 의사결정을 할 수 있다. 2016년에는 마이크로소프트의 인공지능 채팅 로봇 테이Tay가 극단적인 차별주의자로 돌변하는 사건이 있었다. 이에 대해 마이크로소프트는 사과하며 '재교육'을 약속했다. 인공지능이 착한 인공지능이 되느냐, 악한 인공지능이 되느냐도 결국 인간이 어떤 정보를 제공해주느냐에 달린 것이다.

필자는 지능知能이란 상황을 판단하고 올바른 의사결정을 통해 문제를 해결할 수 있는 능력이라고 생각한다. 4차 산업혁명으로 기계는 지능화되어 더욱 똑똑해지는데, 갑질하는 인간과 심한 꼰대들 같이 지능이 떨어지는 이들이 늘어난다면 기계와의 경쟁에서 인간이 설 자리는 더욱 줄어들 수밖에 없을 것이다. 필자가 강조하는 퓨처마킹은 여러분의 뇌를 건강하게 만들어 지능을 한 단계 업그레이드시키는 것이 목표다. 그래서 갈수록 똑똑해지는 기계와의 경쟁에서도 살아남게 해줄 것이고, 갑질 인생이나 심한 꼰대가 되는 것 또한 예방할 수 있게 도와줄 것이다.

인간의 뇌는 가능성을 믿고
끊임없이 훈련하면
개발될 수 있지만,
스스로 포기하면
그때부터 성장을 멈춘다.

최근 뇌과학 연구 보고에 따르면 뇌신경이 외부 자극을 통해 성장하고 재생된다는 것이 밝혀졌기에 인간의 지능은 환경과 노력에 따라 높아질 수 있다고 한다. 뇌의 잠재적인 가능성을 100%에 가깝게 끌어올릴 수는 없더라도 뇌의 가능성을 믿고 끊임없이 훈련하면 개발될 수 있는 부분이 많지만, 스스로 포기하면 뇌는 그때부터 성장을 멈춘다. 그러니 잠재적인 뇌의 가능성에 가장 해로운 말은 "나는 할 수 없어"다. 퓨처마킹을 통한 미래 예측과 올바른 의사결정은 미래학자와 같은 전문가들만 할 수 있는 것이 아니라 누구나 할 수 있다는 자신감을 가지기 바라며, 노력을 통해 발전시킬 수 있는 능력임을 이해하기 바란다.

머릿속 세계의 모형이 미래를 결정한다

    이론물리학자 미치오 카쿠加來道雄는 자신의 책《마음의 미래(2014, 김영사)》에서 물리학적 관점의 의식이란 목적을 이루기 위해 다양한 변수로 이루어진 다중 피드백 회로를 이용하여 이 세계의 모형을 만들어내는 과정이라고 정의하고 있다. 그리고 인간의 의식은 여러 개의 피드백 회로를 조정하여 과거를 평가하고 미래를 예측한다는 점에서 다른 동물의 의식과 확연하게 구별되는데, 이를 '시공간 의식이론'이라고 한다. 그러니까 인간의 의식은 이 세상의 모형을 만들어내는 과정이며, 각자가 가지고 있는 피드백 회로가 다르기 때문에 얼마나 많은 피드백 회로를 가지고 있느냐에 따라 각자가 그리는 세상의 모형도 달라지는 것이다. 그리고 과거를 평가하고 미래를 예측하기 위해서는 이러한 피드백 회로를 지속적으로 조정해줘야 하는데, 이는 각각의 피드백 회로들의 변화를 모니터링해야 한다는 의미다.

예를 들어, 평소에 세상을 바라보는 시각이 국내에만 한정된 사람과 글로벌한 시각으로 세상을 바라보는 사람은 세계화 시대에 당연히 각자의 머릿속에 그리고 있는 국가 간의 상황, 산업의 흐름 등에 대한 그림이 다르다. 그리고 평소에 신문이나 뉴스를 보더라도 사회 카테고리 기사만 보는 사람과 경제, 기술, 사회 등 골고루 관심을 가지고 보는 사람의 머릿속에 그리는 세상의 모형 역시 다르다. 또 평소에 바빠도 꾸준히 신문이나 독서를 통해 시대의 흐름을 읽는 사람과 바쁘다는 핑계로 이러한 활동들을 게을리하는 사람은 과거를 평가하고 미래를 예측하는 능력에서도 차이가 날 수밖에 없다. 결국 지금처럼 복잡한 세상에서 미래에 대한 불확실성에 대비하기 위해서는 가능한 한 많은 피드백 회로를 조정하고 지속적으로 정보를 업데이트할 수 있어야 한다. 그래야 뇌도 변화에 맞춰 올바른 판단을 내릴 수 있다.

미래를 예측하는 것은 마치 퍼즐게임과 같다. 퍼즐게임을 할 때 완성된 그림을 만들기 위해서는 퍼즐 조각을 하나도 빼놓지 말고 모두 맞춰야 한다. 미래 역시 과거와 현재의 수많은 점들이 연결되어 만들어진다. 각자가 얼마나 많은 정보 조각들을 맞춰 나가느냐에 따라 뇌를 통한 환경 분석과 미래 예측의 결과 또한 달라진다. 그리고 퍼즐을 맞출 때 색깔별로 패턴을 구분한 후 맞춰 나가듯 이 세상도 사회, 경제, 기술, 정치, 환경, 인구 등 다양한 분야로 나누어 각 분야의 패턴을 읽고 머릿속에서 그러한 패턴 정보를 연결시켜 전체적인 그림을 맞춰 나가야 한다. 어느 한 분야의 정보 조각만 맞춘다고 해서 우리가 원하는 그림이 완성되지는 않는다. 최대한 다양한 분야를 모니터링하면서 변화하는 정보 조각을 업데이트해 맞춰 나가는 것이 미래 예측을 위해 각자가 실천할 수 있는 유일한 비법이다.

이처럼 빠르게 변화하는 세상 속에서 올바른 의식을 가지기 위해서는 내가 관심 있는 분야, 좋아하는 분야, 잘 아는 분야에 대해서만 학습하고 변화를 관리해서는 안 된다. 다양한 분야에 관심을 가지고 다양한 사람들을 만나면서 생각의 폭을 넓혀야 한다. 신문, TV, 책, 인터넷 등 정보를 소비할 수 있는 채널을 얼마나 많이 활용하느냐보다는 관심 영역이 얼마나 넓으냐가 관건이다. 필자 역시 문과 출신으로 고등학생 때까지만 해도 관심 영역이 한정되어 있었다. 하지만 우연한 기회에 미래학이란 분야를 공부하면서 경제, 사회, 기술, 정치, 환경 등 다양한 피드백 회로를 만들어가기 시작했고, 세상을 보다 종합적이고 융합적으로 바라보며 새로운 세상의 모형을 만들면서 의식의 흐름이 달라지기 시작했다. 그 결과 인생 로드맵을 그리고 재테크를 하는 활동 등에서 의사결정이 달라졌고 전보다 더 좋은 결과들을 만들어갈 수 있었다.

관심 영역이
얼마나 넓으냐가
관건이다.

그리고 학교 다닐 때는 그렇게 흥미를 느끼지 못했던 역사나 세계사 같은 영역에서도 폭넓은 공부를 시작하면서 과거부터 현재까지의 맥락을 이해하지 못하면 현재도 이해할 수 없고 미래를 예측하는 것도 어렵다는 것을 새삼 느꼈다. 그리고 그때부터 '역사를 잊은 민족에게 미래는 없다'와 같은 말이 가지는 의미를 확실히 이해할 수 있게 되었다. 이러한 노력을 위해서 그전에 즐겨 보던 가벼운 정보 소비와 순간의 쾌락을 위해 쓰이는 시간을 줄일 수밖에 없었다. 앞에서도 시간 관리의 중요성을 언급했듯이 변화하는 세상에 대한 올바른 의식을 가지기 위해 가장 중요한 것은 24시간이란 시간을 올바로 사용할 수 있는 자기통제 능력이 아닐까 싶다.

보고 싶은 것만 보면
결국 아무것도 볼 수 없다

사람들은 앞으로 어떤 사업이 잘될지, 어디에 투자해야 할지, 어떤 직업을 가져야 할지 늘 미래에 대해 궁금해한다. 하지만 정작 스스로 미래를 알아볼 생각은 않고 누군가가 그 미래에 대한 답을 주길 바라는 경우가 많다. 자신의 미래에 대해 알고 싶다면 그만한 노력이 반드시 필요하다.

'아는 만큼 보인다'는 말이 있다. 세상이 변해도 이 말만큼은 변하지 않을 것 같다. 개인적으로 미래학에 입문한 이후 다양한 영역에 관심을 가지고 공부하면서 그전에는 보지 못했던 세상을 보게 되었고, 새로운 변화를 지속적으로 모니터링하며 미래에 대한 위기와 기회에 적절하게 대응해 나갈 수 있었다. 벼는 익을수록 고개를 숙인다고 했다. 내가 늘 보던 분야가 아닌 새로운 분야에 관심을 가지고 공부를 해보면 전보다 더 유식해지는 것이 아니라 더 무식해지는 것을 느낀다. 바라보는 분야가 늘어날수록 알아야 할 것들이 더 많아지기 때문이다. 그래서 공부를 하면 할수록 얼마나 나라는 존재가 작은 존재인지 알게 되고 더욱 겸손해질 수밖에 없다. 최근 모바일 시대에 매일 수많은 정보와 뉴스를 보면서 스스로 꽤 많은 걸 알고 있다고 착각하는 사람들이 있는 것 같다. 하지만 과연 그럴까?

하버드대학의 대니얼 사이먼스Daniel Simons 교수와 대학원생 크리스토퍼 차브리스Christopher Chabris는 저서 《보이지 않는 고릴라(2011, 김영사)》를 통해 '인간은 자신이 보고 싶은 것만 본다'는 경향을 '보이지 않는 고릴라 실험'으로 증명해 보였다. 이들은 피실험자들에게 검은 옷을 입은 사람과 흰 옷을 입은 사람이 농구 하는 장면을 보여주며 흰 옷을 입은 사람끼리 몇 번 패스하는지 세어보라고 했다. 피실험자들은 영상을 열심히 본 뒤 흰 옷을 입은 사람끼리 몇 번 패스했는지 대답했다. 이때 연구팀은 영상에서 이상한 점을 발견하지 못했느냐고 물었다. 사실 이 영상에는 고릴라 의상을 입은 사람이 걸어 나와 9초간 머무르면서 가슴을 치는 모습이 삽입되어 있었던 것이다. 그러나 피실험자 중 절반에 가까운 사람들이 "고릴라를 보지 못했다"고 답했다. 같은 유형의 실험으로 미국의 인기 드라마 〈프렌즈〉와 〈가십걸〉의 1화와 2화에서 특정 배역이 다른 인물로 교체되었지만 대부분의 시청자들은 이 사실을 몰랐다.

'주의력 착각'은 자기가 보려고 하는 사물에 주의를 집중한 나머지 다른 중요한 정보를 놓치는 것을 말한다. 고릴라 실험에서처럼 인간은 관성에 따라 늘 하던 일과 늘 보던 곳에만 집중하여 주변의 변화를 눈치채지 못하는 경향이 있다. 이 때문에 세상이 변하고 있다는 사실조차 인지하지 못하기도 한다. 이런 주의력 착각 속에서, 자신이 바라보는 세상의 모형을 기준으로 의사결정을 하면 실패할 가능성이 높다. 하지만 폭넓게 관심을 가지고 주변을 살피며 지속적으로 모니터링하다 보면 세상의 변화도 인지할 수 있고, 그러한 변화가 만들어낼 미래도 조금 더 잘 예측할 수 있다.

참고로 상기의 고릴라 실험은 유튜브에서 '고릴라 실험'이라고 검색하면 확인할 수 있다. 필자는 강의 때 종종 이 영상을 교육생들에게 보여주곤 하는데 대다수의 성인 남녀 3분의 2 이상이 고릴라를 발견하지 못했다. 그만큼 한국의 직장인들이 변화에 둔감하고 주변 상황에 대한 관찰력이 다소 떨어진다는 것을 뜻한다. 재밌는 것은 필자의 초등학생 딸아이는 영상을 보자마자 단번에 고릴라의 존재를 인지했다는 사실이다. 아마도 이미 시야가 좁아진 성인들보다는 아직 주변에 대한 호기심이 강하고 관찰력이 뛰어난 아이들이 오히려 고릴라를 더 잘 발견할 수 있는 것 같다. 물론 이 아이들 역시 점차 틀에 박힌 교육제도와 시야를 좁게 만드는 시스템 속에서 살아간다면 지금의 어른들과 별반 다르지 않게 변할 테지만 말이다.

결국 인간 모두가 지니고 있는 뇌의 미래 예측 기능을 활성화시켜 퓨처마킹 능력을 극대화하기 위해서는 언제나 주변 변화에 둔감해지지 않도록 늘 오감을 열어두고 스스로 세상에 관심을 갖기 위해 노력해야 한다. 관심을 가져야 관찰이 되고, 관찰이 되어야 흐름이 보이고, 흐름을 이해할 수 있어야 미래도 조금씩 보이기 시작할 것이다. 혹시 유튜브에서 고릴라 실험 영상을 찾아봤는데 고릴라가 보이지 않아 충격을 받았다면 너무 실망할 필요는 없다. 지금 고릴라가 보이지 않는다고 해서 영원히 보이지 않는 것은 아니기 때문이다. 다만 다시 고릴라를 볼 수 있기 위해서는 지금보다 더 많은 노력이 필요할 뿐이다.

관심을 가져야 관찰이 되고,
관찰이 되어야 흐름이 보이고,
흐름을 이해할 수 있어야
미래가 보이기 시작한다.

트렌드를 읽으면 미래가 보인다

"내년 트렌드는 어떻게 될까?", "리더는 미래를 통찰할 수 있어야 한다"처럼 미래 예측이라는 말 외에도 미래라는 단어는 '트렌드'와 '통찰'이라는 단어에 붙어서 함께 사용되는 경우가 많다. 그렇다면 트렌드, 통찰, 예측, 이 세 가지 모두 미래에 대한 이야기란 말인가? 그러면 도대체 어떤 것이 진짜 미래인가?

결론부터 얘기하면 미래는 모두 예측하는 것이며 미래 트렌드, 미래 통찰이란 표현은 틀렸다. 퓨처마킹을 위해서 먼저 이 세 단어의 정확한 의미부터 이해할 필요가 있다.

'트렌드'부터 살펴보자. 트렌드trend의 영영사전상 의미는 이렇다. 'A trend is a change or development towards something new or different.' 해석하면 '새로운 방향으로 나아가는 변화의 흐름' 정도가 되겠다. 한국말로 풀이하면 추세, 동향 등으로 표현할 수 있다. 이러한 추세나 동향이라는 말은 모두 미래가 아닌 과거의 자료나 데이터를 바탕으로 새로운 패턴이 보일 때 사용한다. 즉, 트렌드는 미래에 대한 내용이 아니라 과거에서 현재까지 관찰된 변화의 흐름을 분석해 담고 있을 뿐이다. 그래서 미래 트렌드란 표현은 틀렸다. 독일의 트렌드 분석 전문가이자 미래학자인 마티아스 호르크스Matthias Horx는 저서 《미래 진화의 코드를 읽어라(2004, 넥서스 BOOKS)》에서 '트렌드란 미래를 미리 보여주는 변화의 흐름'이라고 했다. 즉, 트렌드를 통해 미래를 예측하는 것이다. 기획서를 작성할 때도 흔히 트렌드 분석이라는 내용이 들어가는데, 이 또한 미래에 대한 내용이라기보다는 현황 분석이며 이를 바탕으로 기획자가 미래에 대한 가설을 세우고 미래 비전을 수립한 후 이를 달성하기 위해 현재와는 다른 대안을 찾는 것이 일반적인 기획서의 내용들이다.

그렇다면 '통찰'이라는 단어는 어떨까? 한자어인 통찰洞察은 '예리한 관찰력으로 현상이나 사물을 꿰뚫어 보다.'라는 의미를 가지고 있다. 영어로는 흔히 insight라고 하고, '안을 들여다보다' 정도로 해석할 수 있다. 다시 말해 통찰이란 현재의 상황을 제대로 읽을 수 있는 능력이며, 어떤 문제가 발생했을 때 지금의 상태에 이르게 된 과거의 복잡한 맥락(전후 관계)을 이해하는 능력이라고도 할 수 있다. 보다시피 통찰이란 단어 자체에는 미래에 대한 의미가 담겨 있지 않다. 그저 현재를 통찰할 뿐이다. 그래서 통찰력 있는 리더란 바로 자신이 맡고 있는 조직을 둘러싼 대내외 환경이 변화하는 상황을 제대로 파악할 수 있는 리더이다.

이제 마지막 남은 '예측'이란 말을 살펴보자. 예측像測의 사전적 의미는 '과거와 현재를 살피어 미래를 미리 헤아려 짐작한다'는 것으로 앞의 트렌드, 통찰과 달리 예측이란 단어에만 유일하게 미래라는 의미가 담겨 있다. 군이 순서를 매기자면 트렌드는 과거, 통찰은 현재, 예측은 미래다. 그래서 미래 트렌드와 미래 통찰이란 표현은 틀렸고, 미래 예측이 올바른 표현임을 알 수 있다.

미래 예측 프로세스

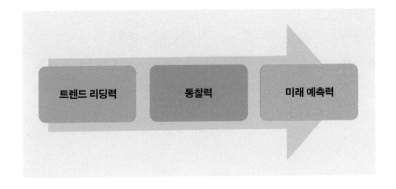

트렌드 리딩력   통찰력   미래 예측력

이제 트렌드(과거), 통찰(현재), 미래 예측(미래), 이 세 가지의 우선순위를 생각해보자. 무엇을 가장 먼저 실천해야 할까? 바로 트렌드 리딩Trend Reading이다. 트렌드 리딩을 꾸준히 실천하면 통찰력과 미래 예측력은 자연적으로 따라온다. 그러므로 우리는 통찰력과 미래 예측력을 높이기 위해 고민할 것이 아니라 트렌드 리딩력을 높이는 데 집중해야 한다. 만약 여러분이 나름의 미래 예측으로 올바른 의사결정을 했다고 생각했는데 문제가 해결되지 않거나 원하는 미래가 오지 않았다면, 그건 아마도 트렌드 리딩이 잘못되었을 가능성이 크다.

군이 세상이 돌아가는 트렌드가 아니라 인간관계에서도 가족, 친구, 동료들의 상황 변화에 관심을 가지고 관찰하는 자가 상대방을 제대로 통찰하고 그 사람의 상황에 맞게 미래를 예측하며 대응해 나갈 수 있다. 예를 들어, 부부간에도 상대방 감정의 변화를 평소에 관찰하지 못하면 배우자가 왜 그런 말을 하는지, 왜 그런 행동을 하는지 통찰하지 못해 잘못된 말과 행동으로 서로 감정이 상하게 된다. 이러한 경우는 부모와 자식 간, 부하 직원과 상사 간에도 동일하다. 나를 둘러싼 주변 환경의 트렌드 리딩을 과거부터 현재까지 게을리하지 않아야 세상의 현상이나 사람들에 대해서 통찰이 가능하고, 상황에 맞게 미래를 예측하며 적절한 대응을 해야 바람직한 미래도 만들 수 있다.

트렌드 리딩을
꾸준히 실천하면
통찰력과 미래 예측력은
자연적으로 따라온다.
그러므로
트렌드 리딩력을 높이는 데
집중해야 한다.

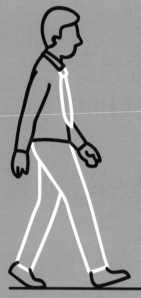

FUTURE MARKING

3.

당신이 트렌드를 읽을 수 없는 이유

"미래학이란 맥락을 연구하는 학문이다."

미래학자 마티아스 호르크스(Matthias Horx, 1955~)

트렌드에도 등급이 있다

한 그루의 나무가 있다고 상상해보자. 그리고 그 나무에는 먹음직스러운 열매가 주렁주렁 열려 있다. 그 나무의 주인이 마을 사람들에게 이 나무를 마을에 기증할 테니 나무에서 원하는 부분을 가져가라고 한다면 사람들은 과연 어느 부분을 가져갈까? 당신이라면 무엇을 가져가겠는가? 아마도 많은 이들은 당장 먹을 수 있는 열매에 관심을 가질 것이다. 그러나 맨 마지막까지 기다린 누군가는 열매는 얻지 못했지만 나무를 뿌리째 뽑아서 가져간다. 그렇다면 그는 아마도 훗날 더 많은 열매를 얻게 되지 않을까?

흔히 트렌드는 유행이라고 생각한다. 우리 주변에 유행하고 있는 것들을 보면 음식, 옷, 음악, 드라마, 게임 등 실질적으로 눈에 보이고 소비 영역에 있는 상품이나 서비스들이다. 이러한 유행이 퍼져 나가면 수많은 사람들은 왠지 이 유행에 동참하지 않으면 안 될 것 같고, 유행을 잘 따라가야 트렌드 리더라고 생각한다. SNS 시대가 되면서 이러한 경향은 더욱 강해진 듯하다.

솔직히 말해 트렌드를 읽고 싶은 이유 중 하나는 앞으로 뭐가 돈이 될 것인가가 궁금하기 때문일 것이다. 어떤 상품을 만들고 어떤 사업을 할지, 어디다 투자해야 할지, 어떤 공부를 해야 할지 등 궁극적으로 자본주의 사회에서 트렌드 리딩의 주된 목적은 부 창출인 것이다. 그렇다면 위에서 말한 유행들을 잘 따라가면 부를 창출할 수 있을까? 대부분의 유행은 소비자로 하여금 돈을 지출하도록 할 뿐이다. 돈을 벌고 부를 창출하는 이들은 바로 그러한 유행을 먼저 기획하고 만들어낸 사람들이다.

나무에 비유하자면 소비자들은 당장 맛있고 달콤한 열매 같은 유행을 쫓아갈 뿐이나, 유행을 예측하고 기획하는 능력을 갖춘 사람들은 나무를 뿌리째 가지고 있는 것과 다름없다. 다시 말해, 유행을 트렌드와 동일시하는 순간 진정 부를 창출할 수 있는 트렌드 리딩은 힘들다. 유행도 트렌드의 일종이긴 하지만 보다 본질적인 트렌드, 즉 열매가 아닌 뿌리를 이해하고 손에 쥐고 있을 때 '부'라는 열매를 지속적으로 수확할 수 있다.

유행은
다양한 유형의 트렌드 중 하나다.
유행이 트렌드 전체를
뜻하는 것은 아니다.

아마도 여러분은 지금 유행이 곧 트렌드가 맞는지 의문이 들기 시작했을 것이다. 결론부터 말하면 유행도 다양한 유형의 트렌드 중 하나다. 다만, 유행이 트렌드 전체를 뜻하는 것은 아니다. 유행은 대부분 소비 트렌드를 의미하며, 이러한 소비 트렌드를 움직이는 트렌드는 따로 있다. 정확히 말하면 트렌드에도 등급이 있다. 우리 눈에 보이는 실질적인 트렌드로 나타나기 전에 수면 아래에서 그러한 실체를 만들어내는 등급이 높은 트렌드가 있는 것이다.

일본의 하쿠호도생활종합연구소에서 발표한 '인사이트아웃 INSIGHTOUT' 이론의 주요 내용 역시, 눈에 보이는 세상의 현상을 통찰하기 위해서는 눈에 보이는 실체가 아닌 눈에 보이지 않는 수면 아래의 복잡한 구조를 해독하는 게 중요하다고 말한다. 그래야 현재를 제대로 이해할 수 있고, 변화의 핵심 동인을 알아야 새로운 미래를 예측할 수 있다고 강조한다.

사실 수많은 현상이 유행 단계에 들어가면 어딜 가나 귀에 들리고 눈에 보이기 때문에 유행을 인지하는 것은 그리 어려운 일이 아니다. 물론 다른 사람보다 유행을 먼저 인지하고 대중화로 이끄는 얼리 어답터Early Adopter들은 나름 유행 초기 단계에서 먼저 변화를 인지하려 노력한다. 하지만 대부분의 대중들은 유행이 본격화될 때 인지하고 스스로 그러한 유행을 따라가면서 트렌드를 나름 잘 읽고 있다고 생각한다. 그것은 큰 오산이다.

눈에 보이는 세상의 현상을
통찰하기 위해서는
눈에 보이지 않는
수면 아래의 복잡한 구조를
해독하는 게 중요하다.

프랜차이즈 외식업 창업 시장을 보면 새로운 외식 아이템 하나가 유행하기 시작하면 너도나도 돈 좀 벌어보겠다고 달려든다. 하지만 너무 많은 이들이 시장에 뛰어들어 포화 상태가 되고, 시간이 지나 또 새로운 외식 아이템이 나타나면 소비자들은 재빨리 새로운 유행으로 옮겨가 버린다. 그렇게 기존 아이템은 사라지고 또 새로운 아이템이 나타나는 현상이 반복된다.

일본 하쿠호도생활종합연구소 인사이트아웃 이론

INSIGHT**OUT**®

통찰

눈에 보이는 세상의 현상

미래예측

현재의 삶

미래의 삶

관점발견

INSIGHT

OUT

트렌드

구조해석

핵심동인

변하지 않는 근저根柢와 본질本質

사실 처음 아이템을 개발한 회사나 그걸 따라 모방한 프랜차이즈 회사들은 돈을 번다. 그러나 주로 손해를 보는 이들은 자영업자들이다. 그럴 수밖에 없는 게, 이들 역시 트렌드를 읽고 창업하려 한 것이지만 유행을 트렌드라 생각하는 실수를 한 것이다. 잘 모르는 상태에서 창업에 뛰어든 자영업자들은 스스로 트렌드를 읽는 능력이 없으니 눈에 잘 보이는 유행을 보면서 트렌드라 생각한다. 그러나 이미 본인 말고도 수많은 사람들이 이미 그 유행을 인지한 시점이라 같은 아이템으로 창업하는 경쟁자가 너무 많다. 그리고 다른 사람이 먼저 시작해서 돈을 버는 모습을 보고 저 사람만 따라 하면 뭔가 나도 대박이 날 거라고 생각하며 쉽게 돈 벌려고 하는 욕심이 앞서는 것도 문제다. 이 세상에 공짜 점심은 없다. 처음 새로운 아이템을 개발한 프랜차이즈 본사는 남들보다 해외 시장을 조사하면서 글로벌 트렌드를 읽고 국내에 없는 아이템을 먼저 시작했거나 나름 세상의 흐름을 읽으면서 앞으로 사람들이 어떤 걸 찾을지 고민했을 것이다. 그리고 이런 아이템들이 유행하기 전 초기에 창업한 가맹점주들 역시 미래를 예측하며 리스크를 안고 투자한 것이다.

트렌드를 읽는다는 것이 그렇게 단순하고 간단한 일이면 누구나 트렌드 리딩력을 기를 수 있고 통찰력과 미래 예측력도 가질 수 있을 것이다. 그러나 새로운 변화를 주도하고 부를 창출하는 이들이 많지 않은 걸 보면 트렌드 리딩이 그리 간단한 문제는 아니라는 걸 알 수 있다. 나무도 뿌리가 존재할 때 열매가 열린다. 관리만 잘 해주면

한 번만 열리는 게 아니라 계속 열린다. 그렇다면 진정한 트렌드 중의 트렌드이며 유행이라는 열매를 맺게 해주는 뿌리 트렌드는 무엇인지 지금부터 함께 알아보자.

유행이 아닌 메가트렌드를 읽어라

　미래 예측력을 높이기 위해서는 현재를 통찰하는 능력이 필요하고, 그러기 위해서는 꾸준한 트렌드 리딩이 필수다. 그리고 흔히 트렌드와 유행을 동일시하지만 이 둘은 엄연히 다르며, 진정한 트렌드 리딩을 위해서는 트렌드 중에서도 등급이 높은 트렌드를 읽어야 한다. 지금부터 여러분에게 소개하고자 하는 트렌드 중의 트렌드는 바로 **메가트렌드**Megatrend다. 트렌드계의 뿌리라고 할 수 있는 메가트렌드를 이해하면 트렌드 리딩이 한결 더 용이해질 것이다.

　'메가트렌드'라는 용어는 미국의 미래학자 존 나이스비트John Naisbitt가 1982년 출간한 저서에서 처음 사용했으며, **'현대 사회에**

서 일어나는 거대한 시대적 조류'를 뜻한다. 필자는 1996년 고교 2학년 때 영어 선생님께서 수업 중 국내에서 출간된 《메가트렌드 2000(1997, 한국경제신문사)》이라는 책을 소개해주어 처음 알게 되었다. 그때 교실 맨 뒷자리에 앉아 있었던 필자는 선생님이 해주셨던 말이 아직도 기억난다. "얘들아, 수능도 중요하지만 미래에 대한 이런 책도 꼭 한번 읽어봐라." 아마 그때부터 미래학에 대한 관심이 조금씩 생기기 시작했던 것 같다. 그리고 고3 때 읽었던 미래학자 엘빈 토플러의 《제3물결(1989, 한국경제신문사)》, 《권력이동(1990, 한국경제신문사)》이라는 책이 본격적으로 미래학에 입문하도록 이끌어주었다. 어쨌든 그렇게 메가트렌드라는 개념을 알게 된 이후 사고의 방식은 물론이고 학습의 방식, 의사결정의 방식도 많이 바뀌었고 결국 필자의 트렌드 리딩력과 통찰력, 미래 예측력은 한 단계 업그레이드될 수 있었다.

당시 존 나이스비트가 저서에서 제시한 메가트렌드의 예는 탈공업화 사회, 글로벌 경제, 분권화, 네트워크형 조직 등이었는데, 지금 와서 보면 한국 사회도 이미 해당 메가트렌드의 영향 아래 있다는 걸 알 수 있다. 최근에는 다양한 미래 연구 기관이나 미래학자들이 그때그때 메가트렌드를 연구해서 제시한다. 최근에 많이 언급되는 메가트렌드로는 고령화, 다문화, 세계화, 지구온난화, 양극화 등이 있으며, 메가트렌드를 발표하는 곳마다 다소 차이는 있지만 전반적으로 비슷한 맥락의 메가트렌드가 제시되고 있다. 안타깝게도 한국에서는 메가트렌드라는 용어를 언론 등에서 본래의 뜻이 아닌 '강력한 소비 트렌드'를 지칭할 때 주로 사용한다. 하지만 정확히 말하면 메가트렌드의 영향을 받아 형성되는 것이 소비 트렌드이지 소비 트렌드 그 자체가 메가트렌드가 될 수는 없다.

그렇다면 과연 대중들이 트렌드라고 믿고 있는 유행, 즉 소비 트렌드와 메가트렌드는 어떻게 구분할 수 있으며, 메가트렌드는 유행과 같은 소비 트렌드에 어떻게 영향을 주는 것일까? 몇 가지 사례를 통해 살펴보자.

최근 국내 반려동물 인구가 1천만 명을 넘어서면서 관련 상품이나 서비스가 인기를 끌고 있다. 이는 어느 날 갑자기 나타난 현상이 아니다. 그렇다면 반려동물을 키우는 사람들은 주로 어떤 사람들일까? 아마도 1인 가구가 가장 많을 것이다. 그러면 1인 가구는 왜 늘어난 것일까? 취업이 힘들어 혼자 지내는 시간이 길어진 취준생, 결혼을 기피해 혼자 사는 싱글족, 결혼했다 싱글로 돌아온 돌싱족(황혼 이혼, 졸혼 포함), 고령화로 인해 혼자 남은 독거노인 등 1인 가구의 유형은 다양하다. 그 외에도 아이를 낳지 않는 젊은 부부들도 반려동물을 키우는 경우가 늘고 있다. 이처럼 반려동물 관련 소비가 증가하는 현상 이전에는 분명 사회, 경제, 인구 등에 변화의 흐름이 있었다. 바로 그러한 변화의 뿌리가 메가트렌드인 것이다.

이 외에도 몇 년 전 유행을 탄 창업 아이템으로 수입과자 전문점이나 수입고기 전문점이 있다. 어느 시점부터 주변에 보이기 시작하더니 급기야 가는 곳마다 보이기 시작한 아이템이다. 하지만 출혈 경쟁으로 결국 빠르게 생겨났다가 많은 매장들이 사라지고 말았다. 당시에 가장 많은 부를 창출한 사람들은 매장을 창업했던 자영업자들일까? 아니면 여러 나라와의 FTA(자유무역협정) 체결이라는 경제 흐름을 파악하고 국내 소득의 양극화 추세를 간파해 저렴한 수입과자와 수입고기를 발 빠르게 사들인 수입업자와 프랜차이즈 기획자들일까? 당연히 후자다. 이렇듯 수입과자와 수입고기는 실질적으로 소비되는 상품이지만 이러한 새로운 소비 트렌드에는 세계화, 양극화라는 더욱 본질적인 배경이 존재하는 것이다.

미세먼지, 폭염, 습한 날씨 등으로 국내에서 수요가 급증한 공기청정기, 의류 관리기, 건조기, 에어컨, 제습기, 손 선풍기, 마스크 등도 새로 등장한 유행이자 소비 트렌드이지만, 이러한 소비 변화를 이끈 것은 기술 개발과 산업 발달로 인해 전 세계가 몸살을 앓고 있는 '지구온난화와 환경오염'이다.

일반적인 소비자들은 유행이 트렌드라고 생각하고 트렌드를 따라가기 위해 너도나도 해당 제품을 구매하기 바쁘다. 그러나 유행이 아닌 메가트렌드를 미리 읽고 상품에 대한 수요를 예측한 기업과 사업가들은 지금쯤 늘어난 부에 행복해하고 있을 것이다. 여러분은 부를

창출하고 싶은가, 아니면 부를 지출하고 싶은가?

카이스트 문술미래전략대학원 미래전략연구센터
대한민국 국가미래전략(2018)이 제시한 메가트렌드

메가트렌드	핵심 트렌드	메가트렌드	핵심 트렌드
글로벌 심화	세계의 시장 통합	문화적 다양성 증가	문화 교류 증대와 다문화 사회화
	국제 질서의 다극화		여성의 지위 향상
	인력 이동의 글로벌화	에너지 자원 고갈	에너지 자원 수요의 증가
	거버넌스 개념의 확대		물·식량 부족 심화
	전염병의 급속한 확산		에너지 자원 무기화
갈등 심화	민족, 종교, 국가 간 갈등 심화	기후 변화 및 환경 문제 심화	온난화 심화로 이상 기후 증가
	사이버테러의 증가		환경오염의 증가
	테러 위협의 증가		생태계의 변화
	양극화 심화	중국의 부상	중국 경제적 영향력 증대
인구구조 변화	저출산 고령화의 지속		중국 외교 문화적 영향력 증대
	세계 도시 인구의 증가	과학기술 발달과 융복합화	정보통신기술의 발달
	가족 개념의 변화		생명과학기술의 발달
			나노기술의 발달

미래에
수요가 늘어날 만한 상품과
서비스를 만들기 위한
퓨처마킹을 하려면
'메가트렌드'를 읽는 능력이
필수다.

미래에 수요가 늘어날 만한 상품과 서비스를 만들기 위한 퓨처마케팅을 하려면 트렌드 중의 트렌드인 메가트렌드를 읽는 능력이 필수다. 독일의 미래학자 마티아스 호르크스는 저서 《미래 진화의 코드를 읽어라》를 통해 메가트렌드는 트렌드계의 블록버스터라고 표현하며, 미래를 예측하기 위해서는 반드시 메가트렌드를 알아야 한다고 강조했다. 단순히 '유행=트렌드'라는 공식을 생각했다간 트렌드 리딩은 물론이고 통찰력, 미래 예측력도 얻을 수 없다.

문제는 메가트렌드가 유행 같은 소비 트렌드처럼 눈에 잘 보이는 게 아니라는 점이다.

"시시각각 변하는 파도만 봤을 뿐 바람은 보지 못했다.
파도를 움직이는 것은 바람이거늘."

영화 〈관상〉에 나오는 대사 중 하나다. 트렌드의 속성이 그렇다. 소비 트렌드는 파도처럼 눈에 보이지만 그것을 만들어내는 바람, 즉 메가트렌드는 보이는 것이 아니라 느껴야 한다. 평소에 정치, 경제, 기술, 사회, 환경, 인구 등 다양한 영역에서 일어나는 변화에 관심을 가지고 들여다보면서 시대의 흐름을 감각적으로 느껴야 한다. 그리고 메가트렌드를 바탕으로 퓨처마킹을 통해 미래 인간의 문제, 욕구, 결핍 등을 상상하면서 그에 맞는 기술, 상품, 서비스 등을 먼저 만들어내야 부를 창출할 수 있다.

개인이 트렌드 연구를 통해서 메가트렌드를 분석할 수도 있겠지만 아무래도 전문적으로 미래를 연구하는 기관이나 미래학자들이 발표하는 메가트렌드를 참고하는 것이 좋다. 왜냐하면 우리보다는 그들이 전문적으로 폭넓은 분야를 다양한 사람들과 집단지성을 통해 연구하기 때문이다. 그래서 개인들도 미래학자들이 쓴 책이나 연구소에서 발표한 보고서 등을 통해서 메가트렌드에 대한 학습이 가능하다. 국내에서는 유일하게 미래학 석박사 학위 과정을 운영하는 카이스트 문술미래전략대학원의 미래전략연구센터가 발표하는 메가트렌드 자료가 신뢰할 만하다. 2015년부터 매년 1회 '대한민국 국

카이스트 문술미래전략대학원 미래전략연구센터 국가미래전략보고서 게시판

가미래전략' 보고서를 발표하고 있으며 보고서 내에 한국에 가장 많은 영향을 미칠 총 8가지 메가트렌드를 경제, 사회, 정치, 기술, 환경, 인구 등 다양한 분야에 걸쳐서 발표하고 있다. 다만, 메가트렌드는 장기적인 변화의 흐름을 나타내기 때문에 최근 4년간 동일한 메가트렌드를 제시해왔다. 직접 자료를 확인할 수 있는 방법도 공유하니 참고하기 바란다.

Tip. 카이스트 문술미래전략대학원 미래전략연구센터

메가트렌드 자료 활용법

국내에서 메가트렌드를 파악하기 위해 유용한 자료는 카이스트 문술미래전략대학원(futures.kaist.ac.kr)의 미래전략연구센터에서 확인할 수 있다. 매년 1회 발표하는 '국가미래전략' 보고서와 상시로 공개하는 연구 자료를 무료로 다운로드해서 학습할 수 있다. 참고로 카이스트 문술미래전략대학원이 설립된 배경은 2014년 1월 정문술 전 카이스트 이사장이 215억 원의 사재를 카이스트 미래전략대학원 발전 기금으로 기부하면서 가능했다고 한다. 국가의 미래 전략을 연구하고 인재를 양성해 나라가 일관되게 발전할 수 있는 기틀을 마련해달라는 부탁을 하면서 말이다. 정문술 전 카이스트 이사장은 이미 2001년 미래 먹거리 융합 연구에 300억 원을 기부하기도 했으며, 미래산업 대표로 재직 당시 부의 대물림을 하지 않기 위해 전문 경영인에게 회사를 넘긴 것으로도 유명하다. '국가미래전략' 보고서는 서점에서 도서로 구입도 가능하다. 부담이 되는 분들은 PDF 파일로 공개되는 자료를 보기 바란다. 무료로 값진 연구 자료를 얻을 수 있다. 기부자의 높은 뜻을 받들어 부디 대한민국의 더 나은 미래를 위해 이바지하는 데 자료를 활용하기 바란다.

미래 나침반, 메가트렌드의 비밀

이제 메가트렌드의 개념과 소비 트렌드와의 차이를 이해했다면 메가트렌드가 가지고 있는 주요 특징에 대해 자세히 살펴보도록 하자. 필자가 20년간 국내외 메가트렌드 자료들을 학습하면서 메가트렌드가 지니고 있는 공통된 특징을 살펴보니 5가지 정도로 정리할 수 있었다.

첫 번째, 메가트렌드는 장기간 지속되는 트렌드다. 유행과 같은 소비 트렌드는 단기간에 소멸되거나 길어봐야 1~2년 정도 지속되면서 유사한 상품이나 서비스가 반복적으로 시장에 출현한다. 하지만 메가트렌드는 최소 10년 이상 지속적으로 영향을 주는 트렌드다. 그래서 소비 트렌드는 메가트렌드가 존재하는 한 그 안에서 반복적으로 모습만 조금씩 둔갑하며 계속 존재할 가능성이 높다. 일반 대중들은 기업이나 시장에서 새로운 키워드가 나오면 뭔가 대단한 변화가 일어난다고 생각할 수도 있지만, 사실 실체를 만들어내는 변화의 본질은 장기적으로 지속되기 때문에 크게 변하지 않는 경우가 많다.

소비자가 메가트렌드를 이해하면 반복되는 소비 트렌드의 물결 속에서 허우적대지 않고 유행만 쫓지 않는 합리적인 소비를 할 수 있다. 변화의 본질을 알아야 대중의 소비를 자극하는 마케팅이나 상술에 반복적으로 당하지 않는 것이다. 반면 직접 마케팅을 하고 시장에서 소비를 지속적으로 불러일으켜야 하는 기획자나 사업가는 메가트렌드가 동일하다면 변화의 본질은 같지만 적절하게 기능, 디자인, 가격, 마케팅 등을 변화시키고 혁신하면서 계속 소비자의 마음을 잡을 수 있도록 노력해야 한다.

두 번째, 메가트렌드는 자본주의적인 특징을 가지고 있다. 쉽게 말하면 메가트렌드의 대부분이 자본주의 국가에서 공통적으로 나타나는 변화의 흐름이란 뜻이다. 카이스트 미래전략연구센터의 8가지 메가트렌드를 살펴봐도 대부분 선진 자본주의 국가들이 먼저 겪은 경우가 많은데, 이는 자본주의 시스템 속에서 기술·산업이 발달하고 경제가 성장하면서 겪게 되는 공통된 현상들이기 때문이다. 세계화, 양극화, 저출산 고령화, 다문화, 지구온난화, 과학기술 융복합화 등이 모

변화의 본질을 알아야
대중의 소비를 자극하는
마케팅이나 상술에
반복적으로 당하지 않는다.

두 그렇다. 한국도 미국식 자본주의를 받아들인 지 60여 년이 지나며 관련 메가트렌드가 그대로 나타나고 있다. 중국 역시 뒤늦게 시장경제를 받아들였고 공산주의라고는 하지만 자본주의 시스템의 영향을 받아 대부분의 메가트렌드가 진입해 있는 상황이다. 중국은 현재 세계의 공장이 되면서 환경오염 문제를 겪고 있고 중국 내 양극화 문제, 저출산 고령화 문제 등 메가트렌드의 영향을 직접적으로 받고 있다. 오히려 한국보다 짧은 기간에 성장한 탓에 메가트렌드가 매우 빠른 속도로 현실에 드러나고 있다. 그래서 중국은 오랫동안 고수하던 1자녀 정책을 완화하며 저출산 고령화 문제를 해결해보려고 하지만 이미 젊은이들이 결혼, 출산을 기피하는 서구적 마인드로 변하여 정책적 효과를 전혀 얻지 못하고 있다. 그리고 중국의 부상이 메가트렌드인 이유 또한 중국이 시장경제로 진입하면서 자본주의 생태계 전체에 너무나 큰 영향을 주고 있기 때문이다. 미중 전쟁이라는 현상역시 중국의 부상이라는 메가트렌드가 결국 본질이다.

세 번째, 메가트렌드는 국내에 국한되지 않는 글로벌 트렌드다. 인간의 문제, 욕구, 결핍은 나라마다 크게 다르지 않다. 그래서 이와 관련된 메가트렌드를 파악하여 이를 해결해줄 수 있는 기술, 상품, 서비스를 먼저 만들어내는 국가가 글로벌 부를 창출할 수 있다. 다만, 선진국이 메가트렌드의 영향을 먼저 받으면 신흥국들이 시간차를 두고 영향을 받는 경향이 있어 아무래도 선진국들이 좀 더 발 빠르게 움직이게 된다. 하지만 여전히 해결하지 못한 문제들이 많고 이제는 어느 정도 메가트렌드가 대부분의 자본주의 국가에 진입한 상태이므로, 전 지구적인 문제를 해결하기 위해 노력하는 개인, 기업, 정부가 선제적으로 글로벌 부를 창출할 수 있다. 그런데 오늘날 대한민국의 시스템상에서 메가트렌드의 중요성을 가르치고 학생들을 세계 시민의식을 가진 미래 인재로 양성하기 위한 맞춤형 교육을 하는 곳이 있는가? 애석하게도 전무하다.

참고로 미국에서는 1980년대 중반부터 초중고등학교에 미래 교과목을 개설하였고, 미래학자 존 나이스비트의 《메가트렌드2000》을 중등학교 미래 교과의 교재로 널리 사용했다. 대한민국 1세대 미래학자 하인호 박사의 저서 《미래학이란 무엇인가(2009, 일송북)》 중 1985년 세계미래학회 조사에 의하면, 미국에서 미래학 전공 프로그램이나 미래학 강좌를 개설하고 있는 대학의 수는 1,000여 개에 이르렀으며 1990년대에 들어와서는 거의 모든 대학이 미래학 강좌를 개설했다고 한다. 반면 한국에서 미래학을 가르치는 학교는 앞에서 언급한 카이스트 문술미래전략대학원이 유일하다. 지금이라도 국내의 초중고, 대학교뿐만 아니라 성인 교육에서 미래학과 함께 메가트렌드에 대한 교육이 이루어지길 바란다.

한편으로는 메가트렌드가 선진국을 거쳐 넘어온다는 사실이 어떻게 보면 개발도상국이나 중진국 입장에서는 미리 트렌드를 읽고 미래를 준비하기에 좋은 기회가 될 수도 있다. 다만, 아무리 선진국에서 먼저 메가트렌드의 영향으로 일어난 소비 트렌드가 있다고 해도 해당 국가마다 민족적 성향이 있고 문화의 차이가 있기 때문에 그대로 적용한다고 해서 무조건 성공하는 것은 아니다. 반드시 해당 지역에 맞게 철저히 지역화해야 한다. 그리고 메가트렌드가 한 번에 동일하게 들어오는 것이 아니라 시간차를 두고 서서히 강화되기 때문에 각 국가에 적용하는 타이밍이 중요하다. 예를 들어, 1인 가구 증가로 반려동물산업이 선진국에서 잘된다고 해도 국내에서 시장이 형성되기 위해서는 일정 규모의 1인 가구 수가 갖춰져야 한다. 또 그에 따른 법, 제도 등의 인프라 환경이 형성되려면 더욱 시간이 걸린다. 한국도 1인 가구 비중이 20%를 넘어서면서 본격적인 반려동물산업 시장이 열리기 시작했다. 실버산업 역시 65세 이상 인구가 전체 인구의 20%를 넘은 초고령화 국가(일본, 이탈리아, 독일)와 비교했을 때 한국은 아직 65세 이상 인구가 14% 정도를 넘은 고령화 사회 단계로, 본격적으로 시장이 형성되기에는 이른 감이 있다. 이것이 무턱대고 실버산업에 투자를 하면 안 되는 이유이기도 하다. 과거에도 2000년대가 시작되면서 한국은 65세 인구가 7%를 넘어가면서 고령화 사회로 진입했고 실버산업은 골드산업이 될 거라며 투자자들을 유혹했지만 당시 투자를 했던 이들은 큰 재미를 못 봤을 가능성이 높다. 메가트렌드라는 방향도 중요하지만 비즈니스는 역시 타이밍이다.

네 번째, 메가트렌드는 포괄적이다. 소비 트렌드는 한정된 영역에서 영향을 주지만 메가트렌드는 모든 영역에 전부 영향을 준다. 예를 들어 저출산 고령화라는 메가트렌드는 단순히 인구구조만 변화시키는 것이 아니라 정치, 경제, 사회, 기술, 문화, 환경 등 사회 전반적인 구조가 변화될 정도로 큰 영향을 미치고 있다. 그래서 메가트렌드는 어떤 산업, 어떤 영역에 있더라도 반드시 공부하고 이해해야 하며, 메가트렌드가 자신에게 미칠 영향을 미리 상상하여 다가올 위기와 기회에 대비해야 한다. 그리고 메가트렌드가 이러한 포괄적 영향을 주는 이유는 바로 다음에 나올 마지막 특징 때문이다.

다섯 번째, 각각의 메가트렌드는 서로 교차 영향을 주면서 강화되기도 하고 약화되기도 한다. 다양한 영역의 메가트렌드는 서로 하나의 몸처럼 연결되어 움직이고 있다. 세계화가 다문화에, 저출산이 고령화에, 양극화가 저출산에, 지구온난화가 기술 발달에, 기술 발달이 고령화에 영향을 주고받으며 움직인다. 그리고 그 영향으로 또 다른 메가트렌드를 만들어내기도 한다. 카이스트 미래전략연구센터의 8가지 메가트렌드 중 '과학기술의 발달과 융복합화'라는 메가트렌드는 최근 4차 산업혁명을 일으키는 본질적인 이유가 되었다. 즉, 과학기술이 발달하고 융복합화되면서 4차 산업혁명이라는 메가트렌드가 생겨난 것이다. 자본주의 사회는 1차 산업혁명 이후 기술의 발달과 산업의 발전으로 경제 성장을 위해 앞만 보고 달려왔으며, 그로 인해 나타난 메가트렌드인 세계화, 양극화, 저출산 고령화, 다문화, 지구온난화 등으로 또 다른 많은 문제들을 양산해왔다. 그 문제들은 더 이상 방치할 수 없는 전 지구적 문제가 되었고 결국 기술 발달의 과정에서 일어난 문제들을 기존 기술로 해결하기는 쉽지 않은 상황이 되어버린 것이다. 가장 간단한 방법은 인간이 기술을 버리면 되지만 그럴 리는 없다. 아니, 그럴 수가 없다. 그래서 더 좋은 기술로 해결해야 하는 만큼 '과학기술의 발달과 융복합화'를 통해 일어나는 4차 산업혁명 역시 현대 사회의 시대적 조류로서 메가트렌드로 급부상하게 된 것이다.

지금까지 언급한 메가트렌드의 5가지 특징을 잘 이해했다면, 퓨처마킹을 통해 부를 창출하기 위해서는 단순 소비 트렌드만 읽어서는 안 된다는 점도 충분히 이해했으리라 생각한다. 소비 트렌드도 물론 시대의 흐름을 읽고 대중의 니즈를 파악하기 위해 중요하지만, 나

메가트렌드의 5가지 주요 특징

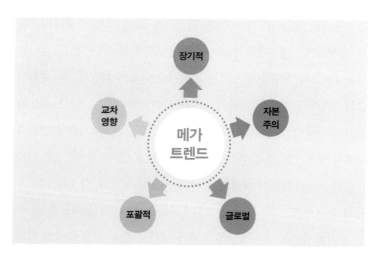

무가 아닌 숲을 보는 시선을 갖기 위해서는 더 노력해야만 한다. 남들보다 먼저 메가트렌드를 통해 인간의 새로운 문제, 욕구, 결핍을 예측하며 새로운 기술, 상품, 서비스를 만들어내 부를 창출하는 사람이 되자. 그리고 대한민국도 4차 산업혁명 시대에 부를 창출하려면 메가트렌드로 인한 전 지구적인 문제에 관심을 가지고 이를 해결할 수 있는 창조적 아이디어를 먼저 발굴해내야 한다.

요즘 우리나라 아이돌그룹인 방탄소년단이 이례적으로 어느 한 나라가 아닌 세계 곳곳에서 골고루 인기를 얻으며 세계 최고의 그룹으로 각광받고 있다. 그들의 노래와 가사가 전 세계 팬들의 마음을 움직였기 때문이다. 그들은 이 시대의 청소년과 젊은이들이 가지고 있는 공통적인 고민과 문제에 관심을 가지고 대변해주어 공감을 얻었다. 전 세계 청소년들의 고민이란 곧 자본주의 국가들이 메가트렌드의 영향을 받아 변화하는 시스템 속에서 그들이 겪는 고민과 문제이다. 방탄소년단은 이러한 청소년과 젊은이들을 위로해줄 수 있는 노래를 만들고 여느 아이돌그룹보다 더 적극적으로 SNS와 라이브 방송을 활용해 그들과 소통하고 있다. 그렇게 글로벌 부를 창출하고 있는 것이다.

앞으로 한 국가의 국민으로서가 아니라 세계 시민으로서 메가트렌드에 관심을 가지고 세상을 통찰하자. 그리고 퓨처마킹을 통해 더 나은 세계, 더 바람직한 세계를 앞장서서 만들고 전 세계 사람들을

퓨처마킹을 통해
부를 창출하기 위해서는
단순 소비 트렌드만 읽어서는
안 된다.

행복하게 할 수 있는 개인, 기업, 국가로 거듭나자. 그 과정에서 개인과 기업, 국가의 부도 자연스레 창출될 것이며 대한민국은 다시 일어날 수 있을 것이다.

변하는 것과 변하지 않는 것을 구분하라

2018년 7월 16일, 세계 최대 전자상거래업체인 아마존의 설립자 제프 베조스Jeff Bezos가 세계 최고의 부자에 등극했다. 〈블룸버그통신〉에 따르면 블룸버그 억만장자 지수를 확인한 결과 베조스의 자산 규모가 이날 1,500억 달러를 돌파했다고 한다. 개인의 자산 규모가 1,500억 달러를 돌파한 것은 1982년 미 경제매체 〈포브스〉의 부자 순위 집계 이후 최초다.

이런 그가 강의 중 가장 많이 받는 질문은 "10년 후에는 뭐가 바뀔 것 같습니까?"이다. 하지만 질문에 대한 그의 답변은 의외다. "10년 후에도 바뀌지 않을 것은 무엇일까?"라는 질문이 더 중요하다는 것이다. 베조스는 사업하는 사람에게는 변수가 없는 아이템을 찾아내는 능력이 필요하며 그래야 사업 전략을 세울 수 있다고 강조한다. 그리고 역발상을 통해 새로운 아이디어를 내고 시간이 지나도 변하지 않는 것을 찾았다면 돈과 노력을 쏟아부으라고 조언한다.

지금껏 트렌드 리딩력이 중요하다고 강조하며 변화를 읽으라고 주문했으면서 갑자기 왜 엉뚱한 소리를 하나 싶은 독자도 있을 것이다. 하지만 트렌드, 즉 변화의 흐름을 읽는 것은 확실히 중요하다. 다만 변하는 것과 변하지 않는 것을 구분할 수 있다면 퓨처마킹 능력을 더 끌어올릴 수 있다는 말이다. 앞에서 중요성을 강조한 메가트렌드 역시 변하는 것과 변하지 않는 것을 구분하는 하나의 방법이다. 흔히 우리가 트렌드라고 생각하는 유행은 변화의 주기가 매우 짧다. 다만 이러한 유행도 메가트렌드가 변하지 않고 지속적으로 존재하는 한에는 유사한 유행이 반복된다. 상품, 서비스와 같이 눈에 보이는 실체는 계속 변하지만 그 변화 속 본질인 메가트렌드는 쉽게 변하지 않기 때문이다. 예를 들어, 고령화라는 메가트렌드는 언급된 지 오래되었지만 앞으로 10년 이상 계속 유효한 변화의 흐름이다. 그러나 고령화라는 흐름 속에서 시니어 비즈니스가 커질 수 있다는 것은 변함이 없지만 실제 소비되는 상품, 서비스 등은 계속해서 변화와 혁신을 요구받는다.

한국에서 트렌드를 읽고자 하는 이들이 가장 많이 읽는 책은 아

변하는 것과
변하지 않는 것을
구분할 수 있다면
퓨처마킹 능력을
더 끌어올릴 수 있다.

마도《트렌드코리아》시리즈일 것이다. 필자는 직장을 다니던 2009년 처음《트렌드코리아》시리즈 책을 보고 그때부터 지금까지 발표된 모든 키워드들을 정리해서 분석해왔다. 그러던 중 재밌는 사실을 발견했다. 매년 발표되는《트렌드코리아》시리즈의 트렌드 키워드들 간에 중복되는 것들이 꽤 있다는 것이다. 도서《트렌드코리아 2018(2017, 미래의창)》의 메인 키워드는 'WAG THE DOG(꼬리가 몸통을 흔든다)'였다. 그런데 이미《트렌드코리아2015(2014, 미래의창)》에서 세부 키워드에 'Tail Wagging the Dog(꼬리, 몸통을 흔든다)'를 사용한 적이 있었다. 뿐만 아니라 2018년 한국을 강타한 최고 히트 키워드인 '소확행(작지만 확실한 행복)' 역시《트렌드코리아2009(2008, 미래의창)》에서 세부 키워드로 'Simply, Humbly, Happily(소박한 행복 찾기가 이루어질 것이다)'를 이미 사용한 적이 있다. 참고로 필자는《트렌드코리아》시리즈의 가치를 폄하할 생각은 추호도 없다. 국내에서 꾸준히 소비 트렌드를 분석해서 발표하는 책이 많지 않고 이 또한 분명 의미 있는 책이라고 생각한다.《트렌드코리아》시리즈는 서울대학교 소비트렌드분석센터에서 김난도 교수를 중심으로 매년 연구원들과 소비자들이 집단지성을 통해 만드는만큼 분명 소비 트렌드를 읽는 데 참고할 만하다. 여기에 왜 소비 트렌드는 반복될 수밖에 없는지를 이해하고 본다면 더욱 도움이 될 것이다.

WAG THE DOG: 꼬리가 몸통을 흔드는 현상	**Tail Wagging the Dog:** 꼬리, 몸통을 흔든다(2015)
What's Your 'Small but Certain Happiness'? 소확행 작지만 확실한 행복	**Simply, Humbly, Happily** 소박한 행복 찾기가 이루어질 것이다(2009)
Added Satisfaction to Value for Money: 'Placebo Consumption' 가성비에 가심비를 더하자: '플라시보 소비'	**Orchestra of All the Senses 감각의 향연** 품질의 개념이 감성적으로 진화, 현재 지향적인 카르페디엠족, 작은 사치와 오감 만족 추구(2015)
Generation 'Work-Life-Balance' 워라밸 세대 워라밸은 '일과 삶의 균형'의 준말로, 워라밸 세대는 타인과의 관계보다 스스로의 삶을 더 소중히 여기는 것이 특징	**Answer is in Your Body 답은 당신의 몸에** 신체의 움직임으로 정신과 육체의 균형을 회복하려는 건강한 노동의 가치를 추구할 것이다(2014)
Technology of 'Untact' 언택트기술 접촉(Contact)을 지운다는 의미의 단어 Untact를 제시, 사람과의 접촉이 부담스러운 디지털원주민들은 비대면 서비스, 즉 언택트기술을 반기는 추세	**Gotta be Cocooned 다시 집으로** 집에서 생활하는 사람의 증가(2009)
Hide Away in Your Querencia 나만의 케렌시아 스페인어 케렌시아는 '나만이 알고 있는 아늑한 휴식 공간'을 뜻함	**Alone with Lounging** 자아를 찾고 휴식할 수 있는 나만의 공간을 찾는 '나 홀로 라운징'(2013)
Everything-as-a-Service 만물의 서비스화 사물인터넷과 클라우드기술의 발전으로 모든 가치가 서비스로 재창출됨	**Organize Your Platform 판을 펼쳐라** 아이디어, 상품, 기술, 사람이 한데 모여 형성된 새로운 비즈니스 생태계가 업그레이드될 것이라는 관측(2014)

Days of 'Cutocracy' 매력, 자본이 되다	Heading to 'B+Premium' 새로운 'B+프리미엄'
상품이 넘쳐나는 시대, '선택 장애'에 걸린 소비자들에게 어필하기 위해서는 매력이 필수	평범한 인기 제품에 가치를 더해 소비자가 열광하게 만든다(2017)
One's True Colors, 'Meaning Out' 미닝아웃	Showing off Everyday, in a Classy Way
자기 생각을 SNS의 해시태그로 드러낼 수 있는 시대. 무엇을 걸치고 어떤 가방을 들고 무엇을 먹느냐가 '나'를 정의	일상을 자랑질하다, 라이프 스타일을 팔아라, 경험과 라이프 스타일 편집권을 주다(2015)

　그리고《트렌드코리아》에서 발표하는 소비 트렌드 키워드에만 관심을 가질 것이 아니라 책 속에서 언급하는 소비 트렌드가 발생하는 배경에 대한 설명이 더 중요하다. 소비 트렌드의 실체는 상품, 서비스 등이라 1년 안에도 또 다른 상품, 서비스로 대체될 수 있지만 본질적인 변화의 배경, 즉 경제, 인구, 사회, 환경, 정치, 기술과 같은 각 영역의 변화 동력은 지속될 수 있기 때문이다. 본질은 놓친 채 유행이라는 현상만 쫓아다니는 이들은 지속적인 부를 창출하기 어렵다는 건 이미 여러 번 언급하여 잘 알리라 생각한다.

　'소확행'이라는 소비 트렌드가 유행하는데 그 본질이 무엇인지 아는가? '작지만 확실한 행복'이라는 의미에는 모든 것에 돈을 투자할 수는 없지만 내가 좋아하거나 관심 있는 것에는 투자를 하겠다는 심리가 담겨 있다. 사실 자본주의 국가들은 어느 나라 할 것 없이 양극화가 진행이 되고 저성장에 진입하게 되는데, 이 과정에서 새로운 소

본질은 놓친 채
유행만 쫓아다니는 이들은
지속적인 부를
창출하기 어렵다.

비의 형태가 나타나기 시작한다. 이는 이미 오래전부터 가치 소비, 합리적 소비, 절약 소비 등의 유사한 키워드로 우리 곁에 늘 있어왔으며 지금은 단지 '소확행'이란 키워드로 나타났을 뿐이다. 이러한 소비 행태는 우리보다 저성장 장기 침체에 먼저 돌입해 잃어버린 20년을 보낸 일본에서 먼저 나타났었다. 일본은 이 같은 소비 트렌드를 '일점호화一點豪華 소비'라고 불렀다. 이는 소비자가 원하는 한 가지 상품에 호화로운 소비를 한다는 뜻이다. 즉, '소확행'이라는 소비 트렌드의 바탕에는 한국 경제도 저성장에 돌입했고 장기 침체에 접어들었다는 본질적인 경제의 흐름이 존재한다고 볼 수 있다. 그러므로 '소확행'만 모두 따라갈 것이 아니라 이러한 흐름이 지속된다면 소비자들은 또 무엇을 원할지 예측해 다양한 기회를 발견할 수도 있을 것이다.

'소확행'이라는
소비 트렌드의 바탕에는
한국 경제가 저성장에 돌입했고
장기 침체에 접어들었다는
본질적인
경제의 흐름이 존재한다.

4차 산업혁명,
기술이 아닌 인간에 답이 있다

세상이 변해도 변하지 않는 것 중 하나는 바로 인간의 기본적인 욕구다. 매슬로의 욕구 단계설Maslow's Hierarchy of Needs에 의하면 인간은 하나의 욕구가 충족되면 위계상 다음 단계에 있는 다른 욕구가 나타나서 그 충족을 요구하는 식으로 체계를 이룬다고 한다. 물론 1차적 욕구가 해결되면 2차적 욕구가 생기긴 하지만 1차적 욕구가 해결되지 않으면 다음 단계의 욕구로 넘어가기 어렵다. 이러한 인간의 욕구는 해당 국가의 성장에 따라 정치적 수준, 경제적 수준, 사회적 수준 등이 높아질수록 더 높은 단계로 이동한다.

예를 들어, 식욕은 생리적 욕구지만 최근에는 단순히 배를 채우기 위해 먹는 것이 아니라 SNS에 사진도 올리고 먹은 느낌을 블로그에 남기는 등 내가 먹는 것을 통해 나를 표현하는 자아실현의 욕구를 충족시키기도 한다. 반면 최근 들어 먹방이 많아지고 수면산업이 확대되고 있는 것은 한국 사회가 성장을 통해 더 높은 단계의 욕구를 추구하는 과정에서 가장 기본적인 욕구인 먹고 자는 것이 제대로 해결되지 않다 보니, 인간의 가장 1차적인 욕구로 되돌아간 탓일지도 모른다. 다만 예전처럼 많이 먹고 많이 자는 것이 아닌 잘 먹고 잘 자는 것을 원하는 단계다. 결국 기본적인 욕구 5단계가 크게 변화하는 것

매슬로의 욕구 5단계

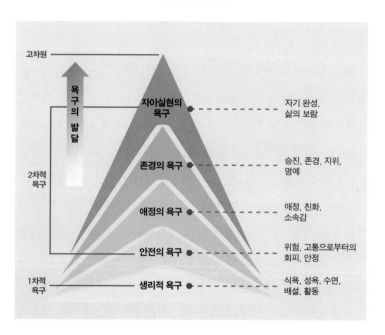

은 아니고 세상이 변하면 인간의 욕구를 만족시키는 수단과 방법의 변화가 요구되는 것이다. 그리고 그러한 인간의 욕구를 잘 간파하는 이가 새로운 기회를 잡을 수 있는 건 당연하다.

최근 ICT기술의 발달과 함께 기존의 비즈니스 모델과는 다른 새로운 형태의 서비스 플랫폼들이 생겨나는 것을 볼 수 있다. 하지만 ICT기술이 융합되면서 서비스의 방식이 달라졌을 뿐 기본적인 인간의 욕구는 그대로다. 예를 들어 카쉐어링 서비스나 우버 같은 플랫폼이 등장하면서 교통산업의 틀을 바꿔놓고 있지만 과거나 현재나 인간의 변하지 않는 욕구는 '안전하게 이동하고자 하는 것'이다. 모바일 시대에 더욱 급성장한 SNS서비스들 역시 과거 오프라인 커뮤니티를 형성하는 시절에서 온라인 네트워크로 이동했을 뿐이지, 어딘가에 소속되고 사람들과의 관계를 이어 나가고자 하는 욕구가 변한 것은 아니다. 모바일 메신저 서비스도 전화 통화에서 문자를 넘어 새로운 시대에 맞는 서비스로 진화했지만 서로 커뮤니케이션하고자 하는 욕구는 전혀 변하지 않았다.

위의 모든 새로운 서비스들은 변화의 흐름 속에서 기회를 잡아 변하지 않는 욕구를 간파하고 새로운 수단과 방법을 잘 융합한 것이다. 4차 산업혁명은 단순히 기술이 진화하는 변화가 아니다. 자본주의 사회의 발전 속에서 새로운 메가트렌드가 출현하여 사람들의 삶과 습관이 변화함에 따라, 기본적인 인간의 욕구를 만족시켜주는 새

세상이 변하면
인간의 욕구를 만족시키는
수단과 방법의 변화가 요구된다.
그러한 인간의 욕구를
잘 간파하는 이가
새로운 기회를 잡을 수 있다.

로운 수단과 방법을 필요로 하는 과정에서 일어나는 혁명이다.

인공지능과 로봇의 발달로 앞으로 인간의 일자리가 사라질 것을 걱정하는 이들이 많다. 하지만 이 또한 기술이 아닌 인간을 잘 들여다보면, 인공지능과 로봇이 대체할 수 없는 일이 무엇인지 어느 정도는 가늠해볼 수 있다. 1차 산업혁명부터 4차 산업혁명을 언급하고 있는 지금까지 과연 인간은 어떤 일을 기계에게 맡겨왔는가? 대부분 인간이 하기에는 위험한 일, 시간이 많이 걸리는 일, 불편한 일, 더러운 일, 지루한 일 등 한마디로 '인간이 하기 싫은 일'이었다. 하지만 여전히 인간이 하기 싫은 일은 많이 남아 있다. 이러한 일들은 기술이 발달할수록 점차 인공지능과 로봇에 의해 대체될 것이다.

가장 대표적인 직업이 콜센터의 고객 상담사 업무이다. 아마도 이런 얘기를 접하면 "그럼 지금 상담사 일을 하는 사람들은 어떡하나요?" 하고 걱정할 것이다. 하지만 인간이 가장 힘들어하고 하고 싶어하지 않는 노동 중 하나가 바로 감정노동이다. 콜센터뿐만 아니라 마트의 계산원이나 각종 판매원은 매일 감정노동에 시달린다. 감정노동을 좋아서 하는 사람은 그리 많지 않을 것이다. 그래서 이 직업은 이직이 잦아 사업주 입장에서도 사람을 고용하는 일이 어렵다. 때문에 인공지능과 로봇이 발달하면 할수록 감정노동과 관련된 서비스 일자리는 가장 빠르게 대체될 가능성이 높다. 물론 인공지능과 로봇이 인간처럼 감성적 대응이나 소통을 자유롭게 하지 못하는 한 완벽하게 대체하지는 못하겠지만 말이다.

학교에서는 아이들에게 인공지능과 로봇이 대체하지 못할 창의력, 상상력을 길러야 한다고 강조하고 있다. 왜 그럴까? 우리는 대체로 로봇 하면 로보트 태권브이, 마징가제트 같은 로봇을 머릿속에 생각하기 마련이다. 하지만 로봇의 기원은 1920년 체코의 극작가 카렐 차페크Karel Čapek가 발표한 희곡 〈로섬의 만능로봇R.U.R., Rossum's Universal Robot〉에서 처음 사용되었다. 그 뜻은 체코슬로바키아어 로보타Robota라는 단어로, '노예'라는 뜻과 '강제 노동'이라는 뉘앙스가 들어 있다. 참고로 전 세계에서 가장 많이 사용되고 있는 안드로이드폰의 안드로이드Android도 그리스어가 어원인데 '인간을 닮은 인공적 존재', 즉 '인조인간 로봇'을 뜻한다.

어쨌든 로봇의 원래 의미가 '노예'와 '강제 노동'이라면 과거에 노예와 노비가 있던 시절을 한번 떠올려보자. 권력자들과 양반들이 노예와 노비에게 하기 싫은 일들을 맡기고 무엇을 하며 살았는지 말이다. 아마도 책을 보고 공부를 하거나 글을 쓰고, 그림을 그리고, 음악을 하기도 하고, 여행을 다니며 산해진미를 맛보고, 가끔 음주가무도 즐겼을 것이다. 그렇다면 그때나 지금이나 인간이 원하는 것이 크게 변하지 않았을 텐데, 현대 사회의 인간들도 노동으로서의 일이 아닌 다른 걸 원하고 있지 않을까? 그리고 과거에는 기계가 아닌 인간 노예와 노비에게 노동을 맡겼다면 이제는 더욱 진화한 인공지능과 로봇에게 인간이 하기 싫은 노동을 맡기고 싶지 않을까?

반면 정말 인간이 하고 싶은 것들의 대부분은 창의력과 상상력이 요구되는 것들이 많다. 단지 지금껏 산업주의 시스템 속에서 인간이 마치 기계처럼 학습하고 일하며 살아왔기 때문에 창의력과 상상력을 상실했을 뿐이다.

아인슈타인은 컴퓨터가 발명되었던 초창기 시절 이런 말을 남겼다.

"컴퓨터는 빠르고 정확하지만 멍청하다.
인간은 느리고 부정확하지만 뛰어나다.
둘이 힘을 합치면 상상할 수 없는 힘을 가질 수 있다."

4차 산업혁명은 단순히 인공지능과 로봇이 인간의 일자리를 뺏는 디스토피아적인 미래가 아니다. 여전히 기계보다는 뛰어난 인간의 창의력과 상상력에 인공지능과 로봇의 첨단 노동력이 융합되어 과거에는 상상도 하지 못했던 일들이 현실이 되는 시대가 열리는 과정이다. 4차 산업혁명이라면서 기술만을 외치고 기술만능주의가 되어서는 절대 우리가 원하는 미래, 아니 바람직한 미래를 창조할 수 없다. 인문학적 통찰을 바탕으로 좋은 기술을 융합해 궁극적으로 미래 사회의 인간들이 지금보다 더 행복한 미래를 만들어가야 한다. 과거

르네상스혁명 때는 신 중심의 사회에서 인간에 집중하는 사회로 변모하며 수많은 창의적 생산물들이 탄생했다. 자본주의 사회가 지금껏 돈과 기술을 마치 신처럼 생각해오는 동안 인간은 뒷전이었는지도 모르겠다. 이번 4차 산업혁명이 인간 중심의 기술 혁명이 될 수만 있다면 이는 분명 신르네상스혁명으로 이어져 인간의 창의성이 다시 한 번 폭발하는 세상을 맞이하게 될 것이다.

컴퓨터는 빠르고 정확하지만
멍청하다.
인간은 느리고 부정확하지만
뛰어나다.
둘이 힘을 합치면
상상할 수 없는 힘을
가질 수 있다.

FUTURE MARKING

스마트 트렌드 리딩의 기술

"같은 일을 반복하면서
다른 결과가 나오기를 기대하는 것보다
더 어리석은 일은 없다."

물리학자 아인슈타인(Albert Einstein, 1879~1955)

지금 당장 정보 다이어트를 시작하라

　우리가 빅데이터를 기반으로 한 인공지능기술을 사용하는 목적은, 축적된 데이터 속에서 인간이 찾아내기 어려운 패턴을 기반으로 인공지능이 인간을 대신해 미래를 예측해주길 바라는 것이다. 이때 인공지능은 데이터의 양이 많으면 많을수록 지능이 향상되는데 양뿐만 아니라 데이터의 질도 매우 중요하다. 인간도 마찬가지다. 정보의 홍수 시대에 무조건 많은 양의 정보를 소비한다고 해서 트렌드 리딩력이 올라가고 미래를 예측하는 능력이 발전하는 것은 아니다. 정보의 양도 중요하지만 질이 매우 중요하다. 유행하는 상품 정보, 연예 정보, 스포츠 정보, 단순 사건사고, 가짜뉴스 등을 남들보다 많이 본다고 해서 그 사람이 더욱 똑똑해지지는 않는다.

정보의 양도 중요하지만
질이 매우 중요하다.

《똑똑한 정보밥상(2012, 에이콘출판)》에서 저자 클레이 존슨Clay Jhonson은 '정보는 뇌가 먹는 음식'이라고 했다. 과거 먹고살기 힘든 시절에는 배가 부를 정도로 충분히 먹을 수 있는 양이 중요했다면, 먹거리가 풍부해진 요즘은 양보다는 질을 고민하는 경우가 많다. 정보 역시 인터넷 시대 이전에는 일반인들이 접할 수 있는 정보가 제한적이었지만 인터넷 발달 이후에는 너도나도 정보를 소비하면서 정보의 수가 기하급수적으로 늘어나 양보다 질의 중요성을 깨닫기 시작했다. 정크푸드를 피하고 유기농 건강식을 먹듯이 뇌가 먹을 정보도 되도록 좋은 것을 찾고 싶은 것이다.

그래서 정보 과부하 시대에는 수많은 정보들 중 가치 있는 정보를 필터링하고 정크정보를 최소화하는 **정보 다이어트**Information Diet가 필수다. 특히나 요샌 가짜뉴스가 전 세계적으로 골칫거리가 되면서 그 중요성이 더욱 커지고 있다. 우리가 자주 접하는 TV, 포털사이트 등과 같은 대중 미디어들은 광고 수익을 극대화시키는 자극적이고 대중적인 정보, 콘텐츠, TV프로그램 등을 좋은 위치, 좋은 시간대에 자주 노출시킨다. 이 때문에 정보를 소비하는 사람이 의식하며 정보를 필터링하지 못하면 공급자의 일방적인 정크정보에서 벗어날 수 없다. 그리고 그런 정보를 많이 소비하면 할수록 우리의 소중한 시간을 들여서 대중매체들이 돈 버는 일만 해주는 꼴이 된다.

필자도 과거에 TV를 자주 보고 정크정보를 많이 소비했다. 각종 재방송, 스포츠 중계, 버라이어티쇼, 드라마, 음악, 코미디 등 끊임없이 소비했던 기억이 난다. 사실 요즘 같은 케이블TV 시대에는 하루 종일 리모컨을 잡고 있으면 24시간 내내 볼 수 있을 만큼 채널도 많고 재밌는 프로그램도 많다. 하지만 트렌드를 제대로 읽고 세상을 통찰하면서 미래를 예측하고 싶다면 뉴스, 시사프로, 다큐, 교육 방송 등과 같은 프로그램을 보는 게 낫다. 다만 이런 프로그램들은 좋은 시간대에 방송하지 않고 방송 횟수도 적어서 일부러 찾아보지 않으면 눈에 띄지 않는다.

최근 들어 SNS 플랫폼을 통해 소비하는 정보도 급증하고 있다. SNS 플랫폼에서 정보를 소비하면 내가 아는 사람과 연결되거나 취향이 유사한 사람들과 연결되어 정보 역시 유사한 것들을 공유하게 된다. 인공지능은 사용자의 패턴을 잘 분석해서 관련 정보나 광고를 친절하게 큐레이션해 끊임없이 제공해준다. 그러다 보면 결국 정보를 소비하는 시야가 좁아질 수밖에 없고 균형 있는 정보 소비가 더욱더 어려워진다. 플랫폼 곳곳에서 관심을 가질 만한 광고들이 우리를 유혹하고, 굳이 연결하지 않아도 되는 사람들을 추천해주며 친구를 맺으라고 권한다. 콘텐츠 플랫폼을 운영하는 기업 입장에서는 정말 좋은 기술이지만 정작 개인에게는 시야를 좁아지게 만드는 독이 된다. 그리고 이런 SNS 플랫폼에서 많은 시간을 보내면 보낼수록 해당 플랫폼은 똑똑해지지만 우리는 그 반대가 된다.

필자도 1인 창조기업을 시작한 초창기에는 SNS로 혼자 홍보도 하고 네트워크도 쌓고 정보도 공유하면서 많은 도움을 받았다. 하지만 근래에는 SNS로 인한 피로감이 쌓여갔고 의무감에 정보나 콘텐츠를 올리는 등 점차 구속되는 느낌이 들기 시작했다. 결국 작년부터 SNS 플랫폼 사용 시간을 대폭 줄였고 그 시간에 종이신문과 독서를 했다. 덕분에 보다 다양한 정보를 깊이 있게 섭취할 수 있게 되었다. 특히 가짜뉴스가 범람하고 작은 이슈 하나만 터져도 사실 확인 없이 온갖 설들이 난무하는 SNS 플랫폼보다는 조금 늦게 사실 여부를 확인하더라도 팩트 체크가 가능한 종이신문이 훨씬 올바른 사고를 하고 의사결정을 하는 데 도움이 된다. SNS에서는 지인들이 올려주는 정보나 뉴스를 사실 확인 없이 지인에 대한 신뢰를 바탕으로 공유한다. 그러나 나중에 보면 그것이 가짜뉴스이거나 사실이 아니어서 난감했던 적도 많았다. 필자뿐 아니라 대다수의 SNS 사용자들이 사진 한 장이나 짧은 영상만 보고 정확한 맥락 파악 없이 댓글로 의견을 달았다가 오히려 상황이 심각해지는 경험을 했을 것이다. 이런 부작용들이 늘어나면서 요즘에는 아날로그 방식의 신문과 독서가 올바른 정보 소비의 방식이 아닐까 하는 생각이 든다.

미래학자들이 일반인들보다 다양한 미래 가능성을 예측할 수 있는 이유는 훨씬 더 다양한 분야에서 종합적 사고를 하여 세상을 입체적으로 보기 때문이다. 물론 그들도 모든 것을 직접 경험할 순 없기에 신문, 도서, 인터넷, TV 등을 통해 학습한다. 다만 정보의 양보다는 질에 집중하고 미래에 대한 징후를 찾기 위해 더 많은 노력을 할 뿐이다. 당장 재밌고 쾌감을 주는 정보를 조금 포기하는 대신 그 시간을 세상을 통찰하고 미래를 예측하는 능력을 높여줄 트렌드 리딩을 위한 정보 소비에 사용하는 것이 더 가치 있지 않을까?

고로 지금 당장 실천해야 할 것은 정보 과소비 시대에 정보 필터링을 위한 '정보 다이어트'다. 마치 정수기에서 나쁜 성분을 걸러내는 필터를 사용하듯이 정보도 필터링을 해야 한다. 필터링을 하기 위해서는 기준이 있어야 한다. 일단 기본적으로 정보를 소비하기 전에 꼭 소비하지 않아도 되는 정보라면 스스로 줄이는 것이 좋다. 요즘 대중 미디어들은 대중의 관심을 끌기 위해 더욱 자극적인 정보를 과다하게 생산 공급하고 낚시성 기사나 광고성 기사도 많이 내보내고 있다. 정보 소비자가 이러한 유혹에 빠져들수록 트렌드를 읽고 미래를 예측하는 데 도움이 되는 정보들은 흘러가 버린다. 정크정보를 완전히 차단할 수는 없어도 아니다 싶으면 빨리 그 정보에서 벗어나야 한다. 평소 스스로의 정크정보 소비 정도가 어떤가 곰곰이 생각해보라. 많다고 생각된다면 최소 50% 정도는 줄여야 한다. 그리고 앞에서도 강조했던 메가트렌드를 기준으로 관련 정보를 찾는 데 소중한 시간을 사용하기 바란다.

필자는 개인적으로 일찍이 메가트렌드의 중요성을 깨달았고, 이를 기준으로 꾸준히 독서를 하며 관련 정보를 트렌드 리딩하고 있다.

정보 과소비 시대에는
정보 필터링을 위한
'정보 다이어트'가 필수다.

그리고 메가트렌드들을 머릿속에 숙지하고 있다 보면 정크정보보다 메가트렌드와 관련된 정보들이 눈에 더 잘 들어온다. 뇌도 스스로 메가트렌드와 관련된 정보에 관심을 가지고 찾는 것을 느낄 수 있다. 예를 들어, 고령화라는 메가트렌드에 관심이 있으면 관련 정보나 서적 등이 더 잘 보이지만 그렇지 않으면 '고령화'의 '고' 자도 보이지 않는다. 필자는 한국이 65세 이상 인구가 7%를 넘으면서 고령화 사회에 진입했던 2000년부터 관련 도서, 정보에 관심을 가지고 모니터링해왔다. 현재는 구체적으로 120세까지도 살 수 있겠다는 생각으로 어떻게 장수 시대를 준비해야 할지 늘 고민하고 있다. 여러분도 메가트렌드만 잘 숙지하면 아무리 정보가 넘쳐흘러 헷갈리더라도 올바른 정보 필터링을 할 수 있을 것이다.

부디 멋진 몸매를 위한 다이어트만 하지 말고, 트렌드를 제대로 읽어내는 스마트한 뇌를 만들기 위한 정보 다이어트에도 관심을 가져보기 바란다. 다이어트는 오늘이 아닌 내일부터 하는 것이지만 정보 다이어트는 지금 당장 시작하는 것이 좋다.

스마트한 정보 모니터링의 비법, RSS리더

정보 과부하 시대에 정보 필터링과 함께 중요한 것은 정보를 마치 CCTV처럼 모니터링하는 것이다. 독서는 메가트렌드를 공부하기에는 좋지만, 속도 면에서 빠르게 관련 뉴스를 모니터링하기에는 부적절하다. 인터넷이 사용되기 이전에 그날의 뉴스를 보는 가장 빠른 방법은 조간신문을 받아 보는 것이었다. 새벽이면 문 앞에 배달되는 신문을 보면서 하루 일과를 시작하던 시절이 있었다. 물론 여전히 종이신문을 보는 것은 가치 있는 정보 소비지만 그래도 디지털 시대에 종이신문만 볼 수는 없다. 그러므로 인터넷상의 정보를 빠르게 잘 걸러 보는 능력이 필요하다.

지금은 잠에서 깨자마자 스마트폰을 열어 포털에서 제공하는 뉴스를 보거나 SNS를 통해 올라오는 정보를 확인하고, 사무실에서는 필요할 때마다 검색을 통해 정보를 소비하는 시대다. 포털이 제공하는 뉴스는 속보 중심이고, SNS는 개인에게 맞춘 정보가 많아 다양성이 부족하며, 정보 검색은 쌓여 있는 정보를 필요한 시점에 역으로 추적해보는 것이기에 빠르고 지속적인 정보 모니터링 방법이 아니다.

그렇다면 가장 좋은 정보 모니터링 방법은 무엇일까? 바로 인터넷 사이트가 제공하는 RSS 기능을 활용해 RSS리더로 디지털화된 정보를 구독하는 것이다. 과거에 신문을 구독하듯이 디지털 정보 시대에도 정보 구독이 가능하다. 안타깝게도 국내에서는 RSS 기능이 아직 많은 이들에게 알려지지 않아 잘 활용되지 못하는 것 같다. 직접 강의를 다니며 교육생들에게 물어보면 대부분은 모르고, 알아도 사용하지 않고 있었다. 앱스토어에서 RSS를 검색해보면 셀 수 없이 많은 RSS리더 앱이 존재한다. 그만큼 이 기능은 전 세계적으로 유용하게 활용되고 있다. 물론 최근에는 데이터 분석의 중요성이 커지면서 간단한 코딩을 직접 배워 웹 크롤링(web crawling, 무수히 많은 컴퓨터에 분산 저장되어 있는 문서를 수집하여 검색 대상의 색인으로 포함시키는 기술)을 통해 스스로 정보를 수집하는 이들도 늘어나고 있다. 하지만 웹 크롤링은 코딩을 배우는 시간과 그에 따른 비용이 들기에 지금 당장 시작할 수 있고 무료인 RSS리더를 먼저 활용해보기 바란다.

RSS란 'Really Simple Syndication' 또는 'Rich Site Summary' 의 약자로, 인터넷상의 수많은 정보 가운데 이용자가 원하는 것만 골라 서비스해주는 '맞춤형 뉴스 서비스'를 의미한다. 독자가 RSS서비스를 제공하는 온라인 신문 또는 정보 제공 사이트를 서비스 플랫폼인 RSS리더에 등록하면 관련 뉴스와 정보가 실시간으로 자신의 RSS리더에 모인다. 즉, 정보를 직접 검색하거나 사이트를 찾아가서 보는 것이 아니라 정보가 나에게 오도록 하는 것이다. 그래서 디지털 시대의 정보 구독이라고 표현했다.

정보 구독을 희망하는 사이트가 RSS 기능이 있는지 확인하기 위해서는 사이트 메인 화면의 상단이나 하단에 와이파이 표시 같은 그림이나 영어로 'RSS'라고 표시되어 있는지를 확인하면 된다. 다만 일부 사이트는 화면상에 표시하지 않고 숨겨놓는 경우도 있으니 잘 찾아봐야 한다. 또 아직 RSS 기능을 제공하지 않는 사이트도 많으니 주의하자. RSS 기능이 있는 사이트의 정보를 구독하기 위해서는 RSS리더가 필요한데, 전 세계에 나와 있는 RSS리더는 셀 수 없을 정도지만 그중에서도 가장 많은 이들이 사용하는 것은 'Feedly'라는 서비스다. 지금부터 Feedly를 활용해 RSS 정보 구독 방법을 살펴보자.

먼저 Feedly는 웹사이트와 모바일앱(무료) 두 가지 버전을 활용할 수 있다. RSS 기능이 있는 사이트를 등록할 때 웹사이트가 작업이 편하기에 먼저 Feedly 웹사이트에서 가입을 하고 로그인을

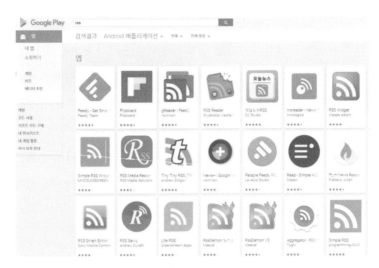

구글플레이스토어 RSS 검색 화면

Feedly(www.feedly.com) 메인 화면

한 후, 구독하고 싶은 뉴스 사이트나 정보 사이트를 Feedly에 등록한다. Feedly 웹사이트 로그인은 구글 계정 또는 페이스북 계정을 통해 소셜 로그인도 가능하다. Feedly 웹사이트에서 하단에 있는 'Add Content'를 클릭하고 구독하고 싶은 웹사이트의 URL을 복사해서 입력하거나, 웹사이트 이름을 알고 있다면 직접 검색해서 원하는 정보를 구독할 수 있다. 전문가들의 블로그도 구독이 가능하므로 전문 지식을 빠르게 학습할 수 있다. 다만 일부 웹사이트들은 RSS 서비스를 제공하지 않는 곳도 있고 네이버와 다음 같은 포털사이트 전체를 구독하는 것은 불가능하니 참고하기 바란다.

사이트 등록을 마치고 나면 등록된 사이트에서 새로운 정보가 업데이트될 때마다 Feedly에 실시간으로 정보가 모인다. 여기서 중요한 것은 일반적인 사이트나 포털사이트에서는 무분별하게 제공되는 수많은 광고가 Feedly에서는 많이 필터링된다는 점이다. 그리고 정보를 볼 때 주목을 끄는 이미지, 동영상, 플래시와 같은 정크정보 없이 텍스트 중심으로 볼 수 있어 정보에 집중할 수 있다는 장점도 있다. 각자의 취향에 따라 이미지가 나오는 카드뉴스 방식으로 설정도 가능하다.

정보를 볼 때는 먼저 제공되는 헤드라인과 요약본을 보고, 전체 정보를 보고 싶으면 해당 웹사이트로 이동해서 본문을 열람할 수 있다. 정보 과부하 시대에 모든 정보를 다 열람할 수는 없기에 스스로

구독을 희망하는 웹사이트 URL 입력 또는 사이트명 검색

사이트 등록 버튼

Feedly 사이트 등록 화면

실시간 구독 정보 열람 가능

Feedly 사이트 구독 정보 열람 화면

Feedly 폴더 목록 및 개별 정보 열람 화면

정보 선택의 기준을 잡고 양질의 정보만 열람하는 것이 바람직하다.

그리고 헤드라인과 요약본만 보고 나중에 보고 싶은 정보는 저장도 가능하니 활용하면 도움이 된다. 저장할 때 키워드를 함께 저장하면 나중에 검색하여 저장된 정보를 찾을 수 있다. 일정 시간이 지나면 정보가 사라지니 중요한 정보는 저장해두는 것이 좋다. 또 웹사이트를 등록할 때 카테고리를 구분할 수 있는 폴더를 만들 수 있어서 사이트 수가 많아지면 카테고리를 분류해 정리해두어 편리한 정보 모니터링이 가능하다.

Feedly는 사이트 등록 등의 작업은 웹사이트에서 하는 것이 편

중국 최초의 '로봇 레스토랑' 인건비 절감에 성공

중국 최초의 '로봇 레스토랑'이 개업 1년 만에 50만 위안의 인건비 절감에 성공했다고 중국 언론이 14일 보도했다. 중국 신문망의 보도에 따르면 강소성에서 지난 여름에 개업한 '로
by 로봇신문사 / 5h

일본 드론전용 시험 비행장 오픈

소형 무인 비행기 드론 전용 시험 비행장 '물류 비행 로봇 츠쿠바 연구소'가 18일 일본 이바라키현 츠쿠바시에 오픈했다고 아사히신문이 보도했다. 얼마전 총리 관저 옥상에서 드
by 로봇신문사 / 5h

로보스타, Lg전자와 71억 제조용 로봇 공급계약

(주)로보스타는 18일 공시를 통해 LG전자와 71억6800만원 규모의 제조용 로봇 공급계약을 맺었다고 밝혔다. 계약기간은 올해 7월 말까지다. 계약액은 작년 매출액의 7.38%에
by 로봇신문사 / 5h

엠텍 서비스로봇, 2015 세계교육포럼 전시장 안내

인천 송도컨벤시아에서 19일부터 22일까지 나흘간 개최되는 '2015 세계교육포럼'에서 ㈜엠텍(대표 강선모, www.m-tech.co.kr)의 서비스 로봇 '모들로7'이 선거관리위
by 로봇신문사 / 5h

환경부

환경부 국과장급 인사발령(2015년 05월 18일자) - 국장급 승진 ▲ 국립생물자원관 생물자원활용부장 일반직고위공무원 김동진 前 운영지원과장 - 과장급 전보 ▲ 운영지원과장
by 로봇신문사 / 5h

몰렉스, 수퍼 세이버 파워 커넥터 시스템 발표

전자 커넥터 분야의 세계적인 기업인 한국몰렉스 (대표: 이재훈, www.molex.com)가 플렉서블 전선 대 전선 및 전선 대 기판 배열을 필요로 하는 모든 고전류 애플리케이션용 수
by 로봇신문사 / 5h

Feedly 모바일 화면 캡처

리하다. 그러나 언제 어디서든 스마트폰으로 정보를 모니터링하기 위해서는 모바일앱을 활용하는 것이 좋다. 앱스토어나 구글플레이스 토어에서 무료로 다운로드 가능하며, 웹사이트에서 등록한 아이디로

로그인하면 등록한 구독 정보를 모바일에서도 볼 수 있다.

바쁜 현대 사회에서는 짬짬이 나는 조각 시간들도 중요한데, 대부분은 게임을 하거나 메신저, SNS를 하는 데 소비한다. 이런 작은 시간들도 잘 활용해서 틈틈이 다양한 영역에 대한 새로운 정보를 모니터링하여 종합적인 변화의 흐름을 빠르게 읽어내도록 하자.

키워드RSS로 원하는 정보만 구독하기

RSS와 RSS리더를 이해했다면 이런 질문이 떠오를 것이다.

'웹사이트를 구독하는 것 말고 원하는 키워드와 관련된 정보만 구독할 수는 없을까?'

물론 가능하다. 지금부터는 키워드RSS 정보 구독법에 대해 알아보겠다.

먼저 네이버를 활용해 무료로 키워드RSS 정보 구독을 하는 방법이다. 네이버 검색 창에서 원하는 관심 키워드를 입력하여 검색한

네이버 키워드RSS 활용

네이버 키워드RSS 등록 주소

후, 다음 창에서 종합 검색이 아닌 뉴스 검색을 실행한다. 뉴스 검색을 실행한 화면에서 오른쪽 하단을 보면 '뉴스검색RSS보기'라는 표시가 뜬다. 이를 클릭하면 상단에 키워드RSS URL이 나타나는데, 주소를 복사하여 Feedly에 등록하면 키워드RSS 정보 구독이 완료된다. 키워드RSS 정보 구독을 활용할 때는 메가트렌드 중심의 키워드를 등록하는 것이 좋고, 그 외에 개인적으로 관심 있는 키워드를 등록해도 좋다.

RSS리더로 구독할 만한 추천 사이트

구분	URL	사이트 특징
로봇신문	www.irobotnews.com	국내외 로봇 동향 및 뉴스 정보 제공
티타임즈	www.ttimes.co.kr	글로벌 문화 트렌드 및 비즈니스 정보 제공(앱 다운로드 가능)
곽노필의 미래창	plug.hani.co.kr/futures	〈한겨레신문〉 곽노필 기자의 미래 정보 블로그
온오프믹스	www.onoffmix.com	한국 세미나, 컨퍼런스, 포럼, 강연 등 지식 관련 행사 정보 제공

구글 알리미로 키워드 뉴스 구독하기

구글을 이용해서 키워드RSS 정보를 구독하는 방법은 유료와 무료가 있는데, 먼저 무료부터 알아보자. 이메일 계정만 있으면 된다. 구글 검색 창에서 원하는 키워드로 검색을 한 후, 네이버에서와 마찬가지로 뉴스 검색만 다시 선택한다. 그리고 맨 아래쪽을 보면 '알림 만들기'라는 기능이 있다. 이를 클릭 후 받고 싶은 메일 주소를 입력하고, 옵션 표시를 선택해서 구독 주기와 언어, 지역 등을 설정하면 등록이 완료된다. 이제 이메일로 구글 뉴스 중 등록한 키워드와 관련된 정보가 도착할 것이다. 네이버와 구글이 검색해서 보내주는 정보는 다소 차이가 있기에 중요한 키워드는 네이버, 구글 모두 등록하면 놓치는 정보를 최소화할 수 있다. 그리고 구글 키워드 뉴스를

구글뉴스 검색 '알림 만들기' 버튼 화면

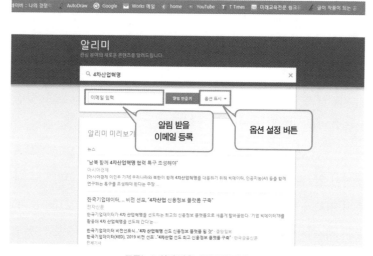

구글뉴스 알림 받을 메일 등록하기

구글뉴스 알림 옵션 설정 화면

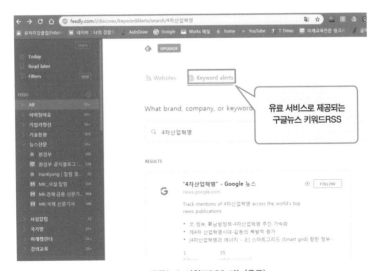

Feedly 구글뉴스 키워드RSS 기능(유료)

Feedly로 구독하기 위해서는 네이버와 달리 유료 서비스를 신청해야 하니 참고하기 바란다. 개인적으로 유료보다는 무료로 비용을 최소화하면서 정보를 모니터링하라고 권하고 싶다. 그 정도로도 충분하기 때문이다.

필자가 최근에 구독하고 있는 주요 키워드를 공유한다. 다만, 구독 키워드는 변화의 흐름에 따라 수정 편집하면서 최적화해 나가는 것이 중요하기에 참고 자료로만 활용하기 바라며, 스스로 본인 상황에 맞는 키워드를 찾아 구독하기 바란다.

필자가 구독하고 있는 키워드 리스트

구분	주요 키워드	구독 이유
국가	미국, 유럽, 중국, 일본	한국에 영향을 주는 주요 국가들을 키워드로 뉴스를 구독함으로써 국제 정세를 파악
기술	4차 산업혁명, 빅데이터, 인공지능, 사물인터넷, 클라우드컴퓨팅, 핀테크, 스마트팩토리, 스마트시티, 스마트홈, 자율주행차, 스마트팜, 웨어러블, 로봇	최신 기술과 관련된 키워드 구독을 통해 트렌드를 모니터링하고 기술 진화의 속도 파악
인구	저출산, 고령화, 1인 가구, 다문화, 기대 수명, 출산율	인구구조 변화와 관련된 키워드 구독을 통해 인구통계 데이터 추적 모니터링 관찰
경제	저성장, 양극화, 미중 전쟁, GDP, 미국 금리, 금리 인상	한국 경제와 관련된 주요 이슈 키워드를 지속 모니터링 관찰
환경	미세먼지, 탈원전, 플라스틱, 전기차, 신재생에너지, 수소차	지구온난화와 환경오염으로 인한 친환경 정책 등에 관심이 많아 모니터링 관찰
창업	공유경제, 스타트업, 기업가정신, 유니콘기업, P2P금융, 사회적기업, 규제 완화, 창업 지원	4차 산업혁명 시대 혁신적인 창업 관련 소식들을 모니터링 관찰

RSS리더로 유튜브 채널 구독하기

RSS리더를 활용하여 유튜브 채널도 구독할 수 있다. 유튜브에는 유용한 강연 동영상이나 지식, 다큐 영상이 많으며 그런 정보를 지속적으로 제공하는 채널도 많다. 특히 전 세계적으로 유명한 강연 프로그램인 'TED'나 한국형 TED인 '세바시' 유튜브 채널을 RSS리더로 구독하면 글로벌 트렌드 리딩에 큰 도움이 된다. EBS의 유튜브 채널로는 다양한 분야의 지식을 알 수 있는 다큐가 많으므로 이 역시 구독하면 좋다. 유튜브 채널의 RSS리더 구독 방법은 해당 유튜브 채널에 가서 채널 URL을 복사해 Feedly에 등록하기만 하면 된다.

이처럼 RSS리더는 정보 필터링은 물론이고 정보 모니터링에 좋은 도구이다. Feedly 외에도 유사한 RSS리더가 많이 나와 있으니 자신에게 맞는 도구를 찾아서 활용하자. 단, 무리하게 욕심을 내서 너무 많은 웹사이트나 정보를 구독하면 오히려 그 또한 정보 과소비로 이어지게 되니, 불필요한 정보는 수시로 구독을 해제하고 시대의 흐름에 맞는 정보 구독을 지속적으로 업데이트해 나가길 바란다.

그리고 RSS구독은 나만의 편집 신문이라고 생각해야 한다. 따라서 정보 구독이 완벽히 이루어진 것이 아니기에 부족하다고 느껴지

유튜브 채널 Feedly에서 구독하기

는 부분은 추가로 검색하여 최대한 효율적으로 정보를 모니터링할 필요가 있다. 중요한 것은 정보 과부하 시대에 정크정보로부터 벗어나는 것임을 명심하자.

RSS리더로 구독할 만한 유튜브 채널

구분	URL	사이트 특징
미래채널 MyF	www.youtube.com/channel/UCa1fMK5V8Kwg46om03OC0EA	미래캐스터 황준원의 유튜브 채널로 미래 관련 동영상 제공
TED	www.youtube.com/user/TEDtalksDirector	글로벌 강연 프로그램으로 전 세계 석학들과 전문가들의 강연 제공
세바시	www.youtube.com/user/cbs15min	한국형 TED로 다양한 주제의 15분짜리 강연 프로그램을 제공

FUTURE MARKING

5.

하루 15분, 퓨처마킹의 기술

"생각하지 않으면 멀겠지만,
생각하면 바로 눈앞에 있는 것이 미래다."
《당신은 왜 가난한가?》(구구 저, 2004, 북폴리오) 중에서

매일매일 미래를 캐스팅하라

변화의 시대에 벤치마킹이 아닌 퓨처마킹의 필요성과 퓨처마킹을 위해 필요한 트렌드 리딩력, 통찰력, 미래 예측력은 누구나 노력을 통해 얻을 수 있다는 것을 이해했을 것이다. 트렌드 리딩을 위해 왜 메가트렌드를 중심으로 정보를 필터링해야 하는지, 스마트한 방법으로 정보 모니터링을 하면 어떤 점이 좋은지는 재차 강조했으므로 이제 매일 조금씩이나마 트렌드 리딩을 실천해보자. 그렇게 트렌드 리딩도 습관이 되면 어느 순간 조금씩 변화의 흐름이 보이기 시작하고 세상에 대한 통찰력과 미래 예측력도 좋아질 것이다. 다만, 아직 습관이 되지 않았을 때는 의식적으로라도 목표를 정하고 실천하는 것이 좋다. 매일 트렌드 리딩으로 미래와 관련된 의미 있는 정보를 하나 이상 찾는다는 생각을 하자.

필자는 '미래를 캐스팅한다'는 말을 자주 사용한다. 트렌드 리딩을 하는 이유는 퓨처마킹을 위한 기초 자료를 찾는 것이고, 이를 좀더 멋지게 말하면 미래를 캐스팅한다고 표현할 수 있다. 흔히 스타들에게 어떻게 연예계에 데뷔했느냐고 물으면 길거리에서 '캐스팅'되었다고 말한다. 아마도 스타성 있는 사람을 캐스팅하기 위해 연예기획사 담당자들은 평소에도 두 눈을 크게 뜨고 캐스팅할 만한 사람들을 찾을 것이다. 이처럼 퓨처마킹을 위해서도 일단 쓸 만한 정보를 찾는 것이 우선이다. 늘 오감을 열어두고 미래와 관련된 트렌드 정보를 캐스팅하는 것을 습관화해야 한다. 미래를 캐스팅하려면 일상 속에서 정보를 습득할 수 있는 모든 수단과 방법으로 트렌드 리딩을 하되, 가능하면 메가트렌드를 중심으로 정보를 필터링·모니터링하면서 퓨처마킹에 도움이 될 만한 미래 징후를 발굴해야 한다. 당분간은 적어도 1일 1미래 캐스팅하는 것을 목표로 하자. 그렇게 일주일, 한 달이 되면 자신도 모르게 트렌드 리딩이 습관이 되어 있을 것이다.

미래를 캐스팅하는 방법은 간단하다. 일단 메가트렌드에 대해 어느 정도 학습된 이후에는 뇌가 자연스레 일상 속에서 메가트렌드 키워드와 관련된 것을 찾으려고 한다. 그러므로 여러분이 해야 할 것은 새로운 지식과 정보를 접할 수 있는 기회를 최대한 많이 만드는 일이다. RSS리더 활용하기, 신문 읽기, 트렌드 또는 미래학 서적 읽기, 미

퓨처마킹을 위해서는
늘 오감을 열어두고
미래와 관련된 트렌드 정보를
캐스팅하는 것을
습관화해야 한다.

래 전망 보고서 읽기 등과 같은 활자 지식뿐 아니라 해외여행, 박람회 관람, 길거리 관찰, TV뉴스·다큐멘터리 시청, 온오프라인 강의 수강 등과 같은 활동도 도움이 된다. 최대한 다양한 방식을 활용하는 것이 퓨처마킹을 위한 풍부한 데이터 확보에 좋다. 물론 모든 활동을 빠짐없이 하기보다는 본인의 상황에 맞게 적절히 선택할 필요가 있다.

이런 여러 트렌드 리딩 활동 속에서 눈에 띄는 미래 징후가 있으면 스크랩하고, 메모하고, 사진이나 동영상으로 기록해 클라우드에 저장해두자. 훗날 어떤 식으로든 활용할 때가 있을 것이다. 인간의 뇌는 수많은 데이터를 모두 기억하기에 한계가 있기에 요즘 같은 스마트한 시대에는 다양한 디지털 저장 기술의 도움을 받으면 좋다.

필자는 대학 시절, 종이신문을 읽으면서 미래 징후가 발견되면 바로 기사 아래 빈 공간에 예측되는 미래 시나리오를 작성해 하나하나 스크랩했다. 직장에 들어가서는 매일 아침 인터넷으로 각종 뉴스를 모니터링하면서 미래 관련 기사를 엑셀로 정리하고 링크를 걸어두었다. 모아둔 정보들은 기획을 할 때나 여러 방면에서 유용하게 활용되곤 했다. 그 외에도 스마트폰이 나오기 전에는 작은 수첩을 가지고 다니면서 미래 징후나 생각나는 미래의 위기와 기회를 메모해두었다. 현재는 스마트폰 덕분에 사진과 영상으로 다양한 현상을 찍어 저장해두거나 구글킵과 같은 메모 앱에 간편히 정리해둔다. 사실 얼마

전까지만 해도 인터넷으로 뉴스나 정보를 보다가 미래 징후가 발견되면 주로 SNS에 공유하고 저장했지만 너무나 똑똑한 인공지능 때문에 시야가 좁아지는 것을 느끼고 과감히 SNS와 작별했다. 대신 다시 종이신문을 매일 2부씩 구독하기 시작했다. 하루에 1시간 정도만 할애하면 훨씬 세상을 폭넓게 볼 수 있고 보다 깊이 있게 들여다볼 수 있다. 활자 정보들, 특히 신문이나 책을 읽다 보면 눈으로 직접 확인하고 싶은 정보가 나오는데, 그때는 바로 사진이나 동영상을 구글과 유튜브에서 찾아본다. 이렇게 이미지나 동영상을 확인하는 이유는 미래와 관련된 내용을 머릿속에 이미지화해서 저장하면 좀 더 오래 기억할 수 있기 때문이다.

미래를 캐스팅할 수 있는 방법은 언급한 방법 외에도 각자가 다양하게 개발할 수 있다. 중요한 것은 매일 꾸준히 실천하면서 가능하면 1일 1미래 캐스팅한다는 목표를 달성해내는 것이다. 그리고 자신이 캐스팅한 미래를 바탕으로 미래를 예측해보는 연습도 필요하다. 당장 스스로 미래를 예측하는 것이 무리라고 생각된다면 미래 징후를 관찰하고 들여다보는 데 더 집중하자. 그렇게 트렌드 리딩력만 끌어올려도 충분하다.

미래 캐스팅을 위해 RSS리더로 정보를 모니터링했는데, 수많은 사이트의 정보들이 한꺼번에 수집되어 이걸 다 어떻게 보나 걱정이 들 수도 있다. 하지만 모든 정보를 다 볼 수 없다는 것을 인정하고,

미래와 관련된 뉴스나 관련 정보의 헤드라인만 매일 모니터링해도 되니 너무 부담 갖지 않아도 된다. 다만 전체 내용을 보고 싶은 것들은 꼭 저장을 해두었다가 편한 시간에 읽어보자. 이러한 활동을 꾸준히 하다 보면 정보를 필터링하는 속도도 점차 빨라져 정보가 많아도 겁내지 않고 마주할 수 있고 양질의 정보를 취사선택하는 것 역시 수월해질 것이다. 결국 시간이 해결해주기에 인내심을 가지고 실천하길 바란다.

다시 한 번 강조하지만 트렌드 리딩을 위해 누가 더 많은 시간을 투자하느냐가 관건이며, 똑같은 시간을 투자하더라도 어떤 기준으로 트렌드 리딩을 하느냐가 퓨처마킹을 위한 정보의 질을 좌우한다. 각자가 캐스팅하는 미래는 분명 상이할 수밖에 없고 캐스팅된 미래의 양과 질에 따라 퓨처마킹 능력 역시 달라질 것이 분명하다. 부디 오감을 열어두고 메가트렌드를 중심으로 매일매일 미래 캐스팅을 위해 꾸준히 노력하기 바란다.

정보를 읽지 말고 해독하라

미래 캐스팅을 위한 노력을 게을리하지 않겠다고 다짐했다면 이제 직접 캐스팅한 미래 정보를 제대로 해독하는 방법에 대해 알아보자. 물론 여기서 말하는 미래 정보는 글로 작성된 자료 형태의 미래 정보만 해당된다. 아무래도 사진이나 동영상 등의 이미지 자료나 직접 경험한 일들보다는 텍스트 형태의 자료인 신문기사, 인터넷뉴스, 도서, 보고서 등의 자료를 더 많이 활용하기 때문에 여기에 한정해서만 생각해보자는 것이다.

미래 정보를 캐스팅하는 습관을 만드는 것도 중요하지만, 가장 중요한 것은 복잡한 맥락을 분석해 정보에 대한 통찰력을 키워 궁극적인 퓨처마킹 능력을 향상시키는 정보 해독력을 업그레이드하는 것이다. 요즘처럼 모바일, SNS 등으로 수박 겉 핥기 식으로 정보를 소비해서는 복잡성이 커지는 미래 시대에 대비한 정보 해독력을 키울수 없다. 오히려 정보 해독력을 떨어뜨려 현상에 대한 통찰력을 약화시킴으로써 퓨처마킹 역시 방해할 뿐이다.

일반적으로 정보를 보는 이유는 대부분 앞으로 나아가야 할 방향이나 내가 해야 할 의사결정에 도움을 얻기 위함이다. 문제는 해당정보를 작성한 전문가의 의견을 맹신하거나 그들이 제시하는 방향을 무조건적으로 따르는 것이다. 이는 매우 위험하다. 앞서도 언급했지만, 점쟁이나 컨설팅사들이 제시하는 미래나 방향은 그들의 의견일 뿐 최종 의사결정은 자신의 상황에 맞게 스스로 해야 한다. 그러기 위해서는 미래에 대한 전망, 예측과 같은 주관적인 의견보다 그들이 그렇게 미래를 그리는 배경으로서 작용하는 객관적인 정보에 집중해야 한다. 즉, 여러분의 뇌가 스스로 미래를 상상하고 예측할 수있도록 도와주는 원재료로서의 기초 정보가 더 중요한 것이다.

그래서 정보 속에 담긴 작성자의 인사이트와 의견은 참고하더라도, 본인 스스로 각자의 상황에 맞는 올바른 의사결정에 필요한 원재료를 정보 속에서 추출하는 정보 해독 능력이 필수다. 정보 제공자가의견을 제시하게 된 객관적인 근거로서의 정보인 현재 새롭게 일어나고 있는 현상, 즉 팩트(사실, 사례, 현상)와 과거에서 현재까지의 동향이나 추세를 확인할 수 있는 데이터(수치화 정보, 시계열 정보, 그래프 자료)를 추출하고, 이 팩트와 데이터에 영향을 주는 변화의 동력인 메가트렌드가 어떤 것인지 유추해낼 수 있어야 한다.

3장에서 소개했던 일본의 하쿠호도생활종합연구소에서 발표한 INSIGHTOUT 이론에 따라 여러분이 캐스팅한 미래 정보를 해독하는 연습을 하면 많은 도움이 될 것이다. 눈에 보이는 현상 아래에는 반드시 그 현상을 만들어내는 사회 구조가 있다. 이 복잡한 구조를 해독하고 변화의 동력(=메가트렌드)을 통해 현상을 통찰할 수 있어야 미래도 예측할 수 있다.

필자와 함께 미래 정보 하나를 연습 삼아 해독해보자. 다음의 기사는 헤드라인인 〈IOT 입은 똑똑한 가전 '1인 가정'에 인기〉만 봐도 변화와 미래를 담고 있는 정보임을 쉽게 알 수 있다.

해당 기사에서 기자가 주목한 현상은 팩트로서 '스마트가전 인기' 그리고 실제 사례로 'IOT밥솥', 'IOT선풍기', 'IOT세탁기'를 제시하고 있다. 그리고 현대경제연구원의 국내 IOT 시장 규모 전망치도 함께 제시하면서 앞으로 IOT제품의 공급과 수요가 확대될 것으로 예측하고 있다. 이러한 현상에 영향을 주는 변화의 동력, 메가트렌드로는 '1인 가구 증가'라는 인구구조의 변화를 제시하고 있으며 이를 뒷받침할 수 있는 데이터, 즉 수치화된 자료는 통계청의 1인 가구 통계

IoT 입은 똑똑한 가전, '1인 가정'에 인기
기사입력 2018-07-21 08:01

[헤럴드경제=이승환 기자]

현상

1인 가구가 증가하면서 사람 손이 덜가는 '스마트 가전'이 인기를 끌고 있다.

데이터

통계청에 따르면 1인 가구 비중이 2022년에는 전체인구에 30%를 차지하고, 2035년에는 760만명을 넘어설 것으로 전망된다.

현상

1인 가구가 빠른 증가세를 보이면서 산업 전반에 걸쳐 이들을 위한 다양한 제품과 서비스가 등장하고 있다. 이 가운데 IoT(사물인터넷) 기술이 1인 가구 추세와 맞물려 주목 받고 있다.

팩트

쿠쿠 'IoT 밥솥'은 밥솥 전원을 켜고 외출했을 경우 간편하게 앱으로 밥솥 전원을 끄거나 절전모드로 전환해 에너지를 절감할 수 있다. 밥의 질과 직접적인 관련이 있는 밥솥의 패킹 및 내솥 교체 시기가 됐거나 10시간 이상 보온 모드가 지속돼 밥의 수분이 증발할 여지가 있는 경우 앱 푸시 알림을 받을 수 있다.

무더위가 지속되는 요즘 IoT 선풍기도 인기다.

신일산업이 LG유플러스와 함께 IoT 기술을 적용한 IoT 선풍기는 'IoT@home' 애플리케이션을 통해 스마트폰으로 손쉽게 선풍기의 전원은 물론 바람 세기, 회전 등을 원격 제어할 수 있다. 안전 기능인 '알림 설정'은 제품을 장시간 사용했을 경우 고객에게 알려줘 외출 중 선풍기 과열로 인한 화재를 예방할 수 있다.

날씨에 따라 알아서 세탁해주는 세탁기도 등장했다.

LG전자는 독자 개발한 인공지능 플랫폼 '딥씽큐(Deep ThinQ)'를 탑재해 자연어 음성 인식기능과 '스마트케어' 기능을 갖춘 '트롬 씽큐(ThinQ)' 드럼세탁기를 출시했다. 이 제품은 드럼세탁기를 무선인터넷(Wi-Fi)에 연결만 하면 간편하게 인공지능 기능을 쓸 수 있다.

현대경제연구원에 따르면 국내 IoT 시장 규모는 2015년 3조3000억원에서 2020년 17조1000억원으로 연평균 38.5% 증가할 전망이다.

nice@heraldcorp.com

미래 가설

> **관련 메가트렌드 인구구조 변화(1인 가구)와 과학기술 융복합화**

정보 해독 사례(1)

자료가 제시됐고, 1인 가구 역시 앞으로 지속적으로 증가할 것으로 전망하고 있다. 이 기사를 정리해 정보를 해독해보면 1인 가구의 증가로 인해 손이 덜 가는 스마트한 가전이 인기를 끌고 있고, 현재까지는 밥솥, 선풍기, 세탁기 등의 제품이 출시되었으며, 앞으로 1인 가구가 지속적으로 증가할 것으로 예측되기에 IOT가전 시장도 계속 성장할 것으로 예측된다는 것이다.

정보를 보고 전문가의 의견이 아닌 현상을 파고들어 그 현상이 일어나는 맥락을 이해한 뒤, 이미 일어난 현상을 쫓아가는 것이 아니라 스스로 미래에 일어날 수 있는 다양한 가능성을 예측해보는 것이 중요하다. 그리고 이 다양한 미래 가능성 중에서 자신이나 조직의 상황에 맞는 미래 비전을 찾는 것이 진정한 퓨처마킹이다.

그럼 상기 기사를 토대로 퓨처마킹을 해보자. 1인 가구가 늘어나면서 손이 덜 가는 스마트가전이 인기다. 그렇다면 꼭 스마트가전이어야 할까? 1인 가구에서 사용할 만한 손이 덜 가게 해주는 다른 상품이나 서비스도 생각해볼 수 있다. 기사를 읽은 이가 식품회사 상품개발자라면 1인 가구가 편하게 먹을 수 있는 간편식 수요의 증가를 예측해볼 수 있으며, 향후 대용량 상품보다는 소용량·소포장 상품이나 간편식인 HMR(Home Meal Replacement, 가정 대체식)의 인기가 높아질 것으로 예측할 수 있다. 만약 예비 창업자가 이 기사를 봤다면 앞으로 1인 가구를 대상으로 한 창업 기회가 생길 수 있다는 것을 염두에 두고, 1인 가구의 라이프스타일을 연구해 창업 시 피해야 할 아이템이나 기회가 될 만한 아이템을 찾는 데 도움을 얻을 수 있다.

만약 가전제품 회사의 마케터라면 어떤 퓨처마킹이 가능할까? 경쟁사가 이미 스마트가전을 출시한 것을 보고 늦었다고 생각할 게 아니다. 메가트렌드인 과학기술의 발달과 융·복합화라는 흐름 속에서 기사 속 팩트와 데이터를 통해 상용화 시장으로서 스마트가전의 미래 비전을 확인해야 한다. 그리고 1인 가구 소비자에 관심을 가지고 관찰하면서 기존 스마트가전의 문제점을 파악하여 더욱 스마트한 제품으로 혁신해 나가면 된다. 뿐만 아니라 이로 인해 사라질 수도 있는 기존 제품과 위기가 올 수도 있는 아이템이 예측된다면 관련 사업은 규모를 축소하거나 신규 사업으로 변경해야 한다. 이것이 바로 정보를 제대로 해독했을 때 일어나는 퓨처마킹의 효과다.

퓨처마킹을 통해 더욱 다양한 미래의 가능성을 그려보고 싶다면 인구구조의 변화라는 메가트렌드 키워드인 1인 가구에 대해 좀 더 깊이 들여다보면 좋다. 1인 가구의 유형은 싱글족, 취준생, 돌싱족, 독거노인 등 다양하게 생각해볼 수 있다. 또 같은 1인 가구라도 특징이나 라이프스타일에는 차이가 있기에 각각에 맞는 차별화된 상품, 서비스가 필요할 것이라는 예측도 가능하다. 그리고 이렇게 1인 가구에 대해 깊게 통찰하다 보면 스마트가전이 아니라도 1인 가구들이 미래에 겪게 될 문제, 욕구, 결핍에 대해 질문할 수 있고 훨씬 더 다

미래에 일어날 수 있는
다양한 가능성 중에서
자신이나 조직의 상황에 맞는
미래 비전을 찾는 것이
진정한 퓨처마킹이다.

양한 미래 가능성을 예측할 수 있다. 이 기사가 가지고 있는 본질적 변화의 동력을 이해한다면 어느 분야에 있는 사람이건 남들이 아직 뛰어들지 않은 미래 아이템을 찾아낼 수 있을 것이다. 이렇게 좀 더 깊이 있게 정보를 해독함으로써 눈에 보이는 현상을 통찰할 수 있다면 훨씬 더 다양한 미래의 가능성을 발견할 수 있다. 분명 그중에는 각자에게 적합한 미래, 우리 조직에 적합한 미래도 있을 것이다.

그렇다면 이번에는 일본의 지자체 인구 감소와 관련된 기사를 함께 해독해보자. 저출산 고령화는 한국에서도 이미 시작된 현상이므로, 한국보다 먼저 이 현상을 겪고 있는 일본의 상황을 벤치마킹만 할 것이 아니라 한국 상황에 맞춰 퓨처마킹을 해볼 수 있다.

일단 이 기사를 작성한 기자의 의견은 뒤로하고 실제 일어나고 있는 현상만 확인해보자. 일본의 지방 지역들은 인구가 감소하고 있으며 각 지자체는 이를 막기 위해 대도시로 진학한 학생들이 빠져나가지 않도록 통학비를 지원하고 있다. 이 현상을 뒷받침하는 자료로는 실제 일본 수도권 및 주변 지역의 5년간 인구 증감 통계 자료 그래프가 제시되어 있다. 그렇다면 결국 이러한 현상이 일어나는 맥락, 즉 메가트렌드는 무엇일까? 바로 '저출산 고령화'라는 인구구조의 변화다. 이를 바탕으로 앞으로 일어날 미래 가능성을 그려보면, 현재 일본의 현상이 한국에서도 조만간 유사하게 일어날 수 있다는 것을 충분히 예측할 수 있다.

[월드 Zoom in] 日 지자체 "인구 감소 막아라" 대도시 진학학생에 차비까지
입력 : 2018-07-17 22:14 | 수정 : 2018-07-18 02:00

현상

팩트

수도권 인접 지역 인구 수만명 줄어
고향 정착 유도... 교통비 보조 줄어어

일본 수도권 및 주변지역 5년간 인구 증감

※2013~2018년 (단위 : 만명)

군마
-4.6

도치기
-3.5

나가노
-5.4

사이타마 4.3

이바라키
-5.9

기후
-5.3

야마나시
-2.7

도쿄 35.8

가나가와
4.9

지바 1.9

시즈오카
-7.5

〈자료 : 일본 총무성 통계국〉

데이터

일본 야마나시현 야마나시시(市)는 도쿄 등 대도시 대학에 진학한 지역 학생들에게 지난해부터 월 2만엔(약 20만원)까지 철도 정기권 교통비를 보조해 주고 있다. 시 관계자는 "젊은이들이 고등학교 졸업과 동시에 대도시로 생활 터전을 옮기면 고향에 다시 돌아오지 않는 경우가 많다"며 "자기 집에서 통학을 함으로써 졸업 후에도 고향에서 취직 등을 할 수 있도록 유도하려는 것"이라고 말했다. 야마나시현은 도쿄를 포함한 간토 지역 '1도 6현'에 속해 있지만 오히려 그것이 지역인재의 대도시 유출율을 부추기는 요인으로 작용하고 있다. 야마나시시는 "도쿄에서 방을 얻어 생활하는 것보다 자기 집에서 통학하는 편이 연간 50만엔 이상 절약된다"고 홍보한다.

도쿄 등 대도시권 대학에 진학하는 학생들에게 신칸센 등 철도 교통비를 보조해 주는 수도권 외곽의 지방자치단체들은 ~~~~~~ 인구 감소에 시달리는 지자체들이 지역 유지의 버팀목이 돼 줄 청년들의 대도시 이 ~~~~~~~~려는 고육책이다.

팩트

현상

17일 일본 총무성의 인구동태 자료에 따르면 올 1월 기준 ~~~~ 총 1억 2521만명으로, 2013년 1억 2639만명에 비해 5년 새 118만명이 줄었다. 그러나 도쿄도를 비롯한 수도권 '1도 3현(가나가와·지바·사이타마)'에서만큼은 같은 기간 46만 9000명이 증가했다. 그럼에도 수도권 인접 지역에서는 외려 감소세가 이어졌다. 간토 지역만 해도 이바라키현이 5년 새 5만 9000명 줄어든 것은 비롯 ~~~~~~마현 -4만 6000명, 도치기현 -3만 5000명, 야마나시현 -2만 7000명을 각각 기록했다 ~~~~~~~~~~~~~~

데이터

팩트

야마나시현의 경우 야마나시시 이외에 ~~~~~~~ 쿠토시 등 다른 6곳에서도 월 상한액 1만~2만엔의 대학생 통학 정기권 보조금 제도를 올해 시~~했다. 도치기현 도치기시, 이바라키현 이시오카시 등도 올 들어 같은 제도를 도입했다. 도치기시는 도부선 철도를 이용해 도내에서 통학하는 학생들을 대상으로 정기권 비용의 3분의 1 정도를 보조한다. 이시오카시는 월 3000엔을 준다.

시즈오카시는 고향에 정착하는 것을 조건으로 교통비를 보조해 주고 있다. 다른 지역 대학에 진학한 30세 미만 학생에게 신칸센 교통비를 지원하되 대학 졸업 후 지역에 정착해 주민세나 소득세를 납부한 사실이 입증돼야만 상환을 청구하지 않는 조건부 방식이다.

교통비 지원을 통해 다른 지역 인구의 유입을 꾀하는 지자체도 있다. 도야마현 도야마시는 2015년부터 호쿠리쿠신칸센 도야마발 통학 정기권의 구입 비용을 일률적으로 2만엔씩 보조하고 있다. 시 관계자는 "진학 등으로 지역을 빠져나가는 청년들이 많은데 이런 부분을 잘 활용하면 인구 유입 효과를 볼 수 있을 것 같다"고 말했다.

미래 가설

도쿄 김태균 특파원 windsea@seoul.co.kr

관련 메가트렌드 인구구조 변화(저출산 고령화)

정보 해독 사례(2)

한국은 OECD 국가 중에서 가장 고령화 속도가 빠른 국가이며 출산율 역시 세계 최저 수준을 기록하고 있다. 해당 기사에는 일본의 인구 감소 데이터만 제시되어 있기에 한국의 데이터가 궁금하다면 검색하여 참고하면 좋다. 만약 이 기사를 읽은 이가 유사한 상황을 맞고 있는 국내 지자체의 공무원이라면, 일본의 사례를 참고해 해당 지자체가 앞으로 준비해야 할 정책이나 서비스를 국내 실정에 맞게 생각해볼 수 있을 것이다. 기업의 마케팅 담당자라면 일본의 현재를 통해 앞으로 더욱 가속화될 한국의 저출산 고령화가 바꿔놓을 미래 사회를 그리면서 변화하는 시장에 맞춰 전략을 수정해 나갈 수 있다. 저출산 고령화가 가져올 미래는 분명 위기임에 틀림없지만 변화를 거스를 수는 없으며 위기 속에서도 기회를 찾기 위한 노력이 필요하다.

함께 정보를 해독해보니 어떠한가? 잠시 시간을 들여 미래 정보 하나만 제대로 해독해도 다양한 가능성을 그려볼 수 있음을 알았을 것이다. 정보 해독을 위한 사고 훈련을 하루에 하나 실천하는 데 채 15분도 걸리지 않는다. 정보 과부하 시대에 개인의 미래 경쟁력은 정보를 얼마나 잘 해독하느냐에 달렸다. 그리고 이러한 정보 해독력을 높이기 위해서는 먼저 좋은 미래 정보를 필터링하고, 하나의 정보를 보더라도 좀 더 깊게 들여다봄으로써 현상을 통찰하여, 스스로 다양한 미래 가능성에 대한 질문을 하는 사고 훈련을 반복해야만 한다.

정보 과부하 시대에
개인의 미래 경쟁력은
정보를 얼마나 잘
해독하느냐에 달렸다.

하루 15분, 퓨처마킹노트 작성법

앞에서 퓨처마킹을 위한 기초 자료로서 미래 캐스팅하기와 캐스팅한 미래 정보의 객관적 정보(팩트와 데이터)에 집중하기, 변화의 동력인 메가트렌드를 통찰하고 스스로 미래를 예측하는 정보 해독력 키우기를 제안했다. 하지만 막상 퓨처마킹을 시작하려고 해도 어떻게 해야 할지 막막할 것이다. 그래서 누구나 쉽게 따라 할 수 있도록 필자가 개발해 활용하고 있는 노트 양식을 공유하고자 한다. 노트의 명칭은 '퓨처마킹노트'다. 이 양식을 활용해 하루 15분만 투자하면 퓨처마킹을 위한 사고 훈련이 가능하고, 매일매일 작성한 퓨처마킹노트를 정리해두었다가 활용할 수도 있다.

누구나
퓨처마킹이 가능하다.

퓨처마킹노트를 개발하게 된 건, 필자가 기업이나 공무원들을 대상으로 미래 역량 강화 워크숍를 진행하면서 교육생 누구나 퓨처마킹이 가능하다는 것을 스스로 느끼게 해주고 싶다는 마음에서였다. 물론 이 아이디어는 갑자기 생각난 것이 아니라 필자가 미래학을 공부하면서 접했던 '환경 스캐닝 기법'이라는 미래 예측기법 중 하나를 일반인이나 학생들도 쉽게 활용할 수 있도록 대중적으로 개발해 만든 것이다. 원페이지로 간단하게 작성하는 양식이라 부담 없이 적은 시간을 들여서 퓨처마킹 사고 훈련을 할 수 있으므로 꾸준히 해보길 바란다.

먼저 퓨처마킹노트에 어떤 항목이 있는지 살펴보자. 크게 7가지 항목으로 구성되어 있는데, 항목에 작성하는 내용은 미래 캐스팅 활동을 통해 발견한 미래 징후 자료를 기반으로 한다. 매일 아침 들여다보는 신문이나 인터넷 기사를 기반으로 하는 것이 가장 효과적이다. 그래서 이 책의 퓨처마킹노트 작성법 역시 신문기사를 기준으로 하고 있다. (도서, 잡지, 보고서 등의 일부 내용을 바탕으로 하더라도 작성법은 크게 다르지 않다.)

제목은 해당 기사의 헤드라인 제목으로 작성하고, 작성자는 기자의 이름을 쓴다. 전문가 인터뷰 또는 칼럼일 경우에는 전문가명을 쓰면 된다. 자료 출처는 신문사 또는 사이트명을 기재한다. 그리고 해당 자료의 작성 시기를 확인해서 적는다.

퓨처마킹노트 작성법

◆ 원페이지 퓨처마킹노트 양식

제목	(1일 1미래 캐스팅한 자료의 제목)	작성자	(기자, 전문가, 저자명)
자료 출처	(신문사, 보고서, 도서명 등)	날짜	(작성 시기)
트렌드 분석 (Fact & Data)	(자료가 담고 있는 팩트와 데이터 정보를 간략히 요약하고, 관련해서 변화의 동력인 메가트렌드를 통찰하여 작성)		
미래 가설 (위기 & 기회)	(자료를 작성한 기자, 전문가, 저자가 제시하는 미래의 위기와 기회에 대한 내용이 있다면 요약 작성)		
퓨처마킹 (나의 미래 비전)	(상기 두 가지 항목을 바탕으로 스스로 퓨처마킹을 통해 나와 연결시켜 미래의 위기나 기회, 즉 미래 비전을 그려보는 작업. 마치 그 미래가 현실이 되었다고 상상하면서 실감나게 소설처럼 시나리오를 작성. 가능하면 자신의 상황이나 조직의 상황에 연결시켜서 예상되는 미래를 작성해볼 것을 권함.)		

앞에서 배운 대로 기사 속 정보를 해독하여 트렌드 분석란에 팩트와 데이터, 관련 메가트렌드를 정리해서 작성한다. 미래 가설란에는 해당 기자나 전문가가 제시하는 주관적인 미래 예측 또는 전망 자료를 작성한다. 내용을 작성할 때는 자료에 있는 내용을 그대로 복사할 것이 아니라 최대한 핵심 키워드를 중심으로 요약 정리하는 것이 시간을 절약할 수 있다. 어차피 퓨처마킹노트는 스스로 퓨처마킹 사고 훈련을 위해 작성하는 것이기에 본인이 알아볼 수 있도록 간단하게 요약 정리하는 것으로 충분하다.

마지막으로 퓨처마킹란에는 트렌드 분석란과 미래 가설란의 내용을 바탕으로 스스로 그려본 미래의 위기와 기회에 대한 비전 시나리오를 가능하면 생생하게 그려서 작성해본다. 이때 자신의 상상력을 최대한 발휘해서 조금 과할 정도로 미래를 예측해보는 것이 좋다. 그리고 해당 기사의 내용뿐만 아니라 연결시킬 만한 내용이 있다면 기억을 되살려 융합시키면서 보다 다양한 미래 가능성을 그려본다. 가장 좋은 시나리오 작성법은 실제 5~10년 뒤 미래를 생각하면서 마치 미래의 주인공이 되어 소설처럼 작성해보는 것이다. 그리고 누구나 상상할 수 있는 평범한 미래보다는 조금 말도 안 되는 대담한 미래를 상상해야 작은 가능성에도 대비할 수 있다.

필자가 직접 작성한 퓨처마킹노트를 소개한다. 관련 메가트렌드 키워드는 카이스트 문술미래전략대학원 미래전략연구센터가 발표

누구나 상상할 수 있는
평범한 미래보다
조금 말도 안 되는
대담한 미래를 상상해야
작은 가능성에도
대비할 수 있다.

한 '대한민국 국가미래전략(2018)'의 8대 글로벌 메가트렌드와 핵심 트렌드 키워드를 참고해서 작성했다. 그 외에 각자가 생각하는 추가적인 메가트렌드가 있다면 적절하게 작성하면 된다.

그리고 앞에서 살펴봤던 신문기사 2개도 퓨처마킹노트 양식을 활용해서 작성해보았다. 직접 퓨처마킹노트를 활용하고자 할 때 참고해서 작성하기 바란다. 물론 필자가 작성하는 사례는 정답으로서 제시하는 것이 아니라 먼저 작성해본 사람으로서 경험을 공유할 뿐이다. 여러분이 작성하면서 스스로 양식을 개선하고 발전시켜 각자가 활용하기 편하게 만드는 것이 가장 바람직하다.

원페이지 퓨처마킹노트의 작성이 가지는 의미는 누구나 시간을 들여서 조금만 생각해보면 스스로 미래를 예측해볼 수 있다는 것과 퓨처마킹을 위한 사고 훈련이 거창해 보이고 어려울 것 같지만 하루 15분만 투자하면 가능하다는 점이다. 원페이지 퓨처마킹노트의 궁극적인 목표는 퓨처마킹 사고의 회로가 뇌에 장착되도록 하여 이후에는 퓨처마킹노트를 작성하지 않아도 미래 정보를 보면서 빠르게 정보를 해독하고 미래를 예측하는 것이 습관이 되게 하는 것이다. 최소 1개월 정도 꾸준히 훈련해보길 바란다. 분명 달라진 자신의 퓨처마킹 능력을 확인하게 될 것이다.

작성한 퓨처마킹노트는 컴퓨터로 저장해서 관리하든, 양식을 뽑

◆ 원페이지 퓨처마킹노트 작성 사례 (1)

제목	KT 미세먼지 감시망 전국 구축 - 정부, 지자체, 기업 맞춤 서비스	작성자	이석희 기자
자료 출처	매일경제신문	날짜	2018.7.16.

기사 제목, 작성자,
출처, 날짜 작성

트렌드 분석 (Fact & Data)

기사 내 Fact(사실, 사례,
현상)과 Data(수치 자료)
추출 작성

- 경기도 과천 KT 미세먼지 통합관제센터 1,500개 지역 미세먼지 농도 실시간 모니터링
- 365일 24시간 1분 단위 측정
- 환경부 산하 낙동강유역환경청, 부산시교육청 등과 업무 협약 맺고 미세먼지 감축용 솔루션 공급

관련 메가트렌드: 기후 변화 및 환경 오염, 과학기술의 융복합화, 도시화

카이스트 문술미래전략
대학원 메가트렌드를
기준으로 하되 그 외
메가트렌드 추가 가능

미래 가설 (위기 & 기회)

자신의 상황에 맞게
상상되는 미래
시나리오를 마치
소설 쓰듯이 작성

- 지자체들이 실시하는 미세먼지 저감 조치 실효성 측정에도 활용 가능 전망
- 올해 하반기 미세먼지 정보 전달 전용 앱을 개발해 많은 이들과 공유할 계획

기사에서 언급된
미래에 대한 전망,
예측, 의견 등 정리

퓨처마킹 (나의 미래 비전)

2025년 어느 날, KT미세먼지 앱과 연동되어 있는 카카오 AI스피커가 우리 동네 미세먼지 농도와 금일 강의가 예정된 지역의 미세먼지 농도를 알려준다. 강의장이 있는 곳의 미세먼지 농도가 다소 나쁘지만, 스마트빌딩의 AI가 강의 시작 전 공기 청정 시스템을 가동하고 쾌적한 환경으로 세팅해놓았다. 강의를 마치고 올레내비로 돌아오는 중, 내비가 목에 좋은 음식을 하는 맛집을 추천해주어 저녁을 해결하고 귀가했다. 아파트 입구에서 미세먼지를 털고 올라가라는 안내가 나와 클린룸에 들어가 에어샤워를 하고 나니 문이 열렸다. 최근 세종시 스마트도시 구역에서는 자율주행 카셰어링을 적극 활용한 결과, 그렇지 않은 지역보다 미세먼지가 많이 줄어들었다는 결과가 나왔다. 내일은 강의도 없으니 전세 계약이 만료되면 이사 갈 스마트도시 아파트를 알아보러 가야겠다. 문제는 다른 곳보다 스마트도시 아파트의 가격이 많이 올라 적당한 물건이 있을까 하는 것이다.

◆ 원페이지 퓨처마킹노트 작성 사례 (2)

제목	IOT 입은 똑똑한 가전, '1인 가정'에 인기	작성자	이승환 기자
자료 출처	헤럴드경제	날짜	2018.7.21.
트렌드 분석 (Fact & Data)	- 1인 가구를 위한 손이 덜 가는 스마트가전 인기 - IOT밥솥, IOT선풍기, IOT세탁기 등이 잇따라 출시 - **관련 메가트렌드: 인구구조의 변화(1인 가구 증가), 과학기술의 발달과 융복합화**		
미래 가설 (위기 & 기회)	- 1인 가구 비중이 2022년에는 전체 인구의 30%를 차지하고, 2035년에는 760만 명을 넘어설 것으로 전망 - 국내 IOT 시장 규모는 2015년 3조 3천억 원에서 2020년 17조 1천억 원으로 연평균 38.5% 증가할 전망		
퓨처마킹 (나의 미래 비전)	2030년 드디어 딸아이가 독립을 선언했다. 새로 이사할 원룸을 알아보기 위해 함께 돌아다녀 보니, 1인 가구가 생활하는 데 불편함이 없도록 스마트원룸 시스템이 대부분 잘 갖춰져 있었다. IOT방범 시스템, IOT가전, IOT싱크대 그리고 에너지 절약에 최적화된 인공지능 냉난방 시스템까지 완벽했다. 뿐만 아니라 좁은 공간을 효율적으로 활용할 수 있도록 트랜스포머형 가구들이 적용되어 사용하지 않을 때는 가구를 숨겨두거나 접어둘 수 있어 원룸이지만 혼자 지내기에 충분한 공간이 확보되어 있다. 입주를 하면 밥이라도 잘 챙겨 먹도록 내가 직접 투자자로 있는 식물공장의 신선식품 정기배송 서비스를 신청해 선물해줘야겠다. 이제 홀로서기에 나서는 우리 딸의 새로운 삶의 도전을 응원한다.		

◆ 원페이지 퓨처마킹노트 작성 사례 (3)

제목	日 지자체 "인구감소 막아라" 대도시 진학 학생에 차비까지	작성자	김태균 특파원
자료 출처	서울신문	날짜	2018.7.17.

트렌드 분석 (Fact & Data)	– 일본 수도권 주변 지역 인구 수만 명 줄어 – 일본의 인구는 총 1억 2,521만 명으로 2013년 1억 2,639만 명에 비해 5년 새 118만 명이 줄었다. 그러나 도쿄도를 비롯한 수도권 '1도 3현(가나가와, 지바, 사이타마)'에서만큼은 같은 기간 46만 9천 명이 증가 – 대도시 대학에 진학한 학생 유출 막기 위해 통학비까지 지원 – **관련 메가트렌드: 인구구조의 변화(저출산 고령화, 도시 인구의 증가)**
미래 가설 (위기 & 기회)	– 대도시로 진학하는 대학생들의 지속적인 인구 유출 – 통학비 지원으로 고향에서 취업하도록 유도해 인구 및 세수 확보
퓨처마킹 (나의 미래 비전)	2025년 대한민국은 급격히 줄어드는 학령인구로 지방의 경쟁력 없는 대학들이 속속 문을 닫고 대학 진학을 위해 대도시로 떠나는 청년들이 늘어, 지자체의 인구와 세수 감수에 큰 영향을 주고 있다. 이로 인해 대도시 거주비용과 비교했을 때 통학비용이 더 저렴하다는 것을 내세워 통학버스 및 통학비를 지원하는 지자체가 늘어나고 있으며, 졸업 후 고향에서 취업 시 공공주택을 제공하고 창업 시에는 창업 공간과 창업지원금을 주어 청년들이 고향을 떠나지 않게 안간힘을 쓰고 있다. 뿐만 아니라 인구가 줄어드는 소규모 지자체들은 인근 지자체와의 통합을 통해 행정비용을 줄이고 스마트한 기술을 활용하여 주민 편의 서비스를 확대함으로써 저출산 고령화로 인한 지자체 소멸을 최소화하고자 최선을 다하고 있다. 일본도 이런 현상을 먼저 겪으면서 고향에서도 대도시 서비스를 저렴하게 사용할 수 있도록 원격의료를 확대하고 대학의 온라인교육 확대와 함께 교통, 거주비용에 부담을 느끼지 않게 공유경제를 활성화하는 데 총력을 다하고 있다.

아서 수기 작성해 파일로 관리하든 상관없다. 언제든지 필요한 시점에 꺼내어 참고하거나 활용할 수 있으면 된다. 또 때때로 자신의 퓨처마킹노트를 읽어보며 다른 미래 정보와 융합시켜 새로운 미래를 그려보는 연습을 하기 바란다. 참고로 필자의 블로그에 매일 최소 1개의 퓨처마킹노트가 업로드되고 있으니 사례 학습이 필요하다면 방문하기를 권한다. 양식 다운로드도 가능하다. (www.thinkfutures.kr)

스스로 작성한 퓨처마킹노트가 당장은 말도 안 되는 미래 같지만 시간이 지나면서 자신이 그린 미래 비전이 현실이 되는 것을 보며 놀라게 될 것이다. 그리고 그러한 경험이 반복되면서 퓨처마킹의 중요성을 다시 한 번 깨닫는 순간이 분명히 올 것이다. Slow but Steady! 느려도 꾸준히 하는 자가 승리한다. 지금 당장 퓨처마킹노트를 시작해보자.

유형별 퓨처마킹노트 작성 사례

◆ 대학생 진로 설정형

제목	없어선 안 된다는 '계리사' 왜 항상 부족할까	작성자	김정훈 기자
자료 출처	머니S	날짜	2018.7.18.
트렌드 분석 (Fact & Data)	- 보험 가격 자율화로 보험계리사의 역할 커져 - 국제회계기준(IFRS17) 적용으로 재무 건전성 확충을 위한 보험계리사 수요 확대 - 국내 보험계리사는 보험사에 속한 920명을 포함에 1,500명가량인 것으로 알려져 있음. 이는 새 국제회계기준 도입에 따른 필요 인력인 3,000명의 절반 수준 **- 관련 메가트렌드: 세계화(국제회계기준의 적용)**		
미래 가설 (위기 & 기회)	- 보험계리사 시험 합격 기준 완화, 합격자 인원 확대 - 제도 완화로 보험계리사 최종 합격 인원은 내년부터 매년 60여 명 수준에서 170명까지 늘어날 전망 - 2020년 국내에 손해보험 전문계리사 제도를 도입하고 2022년부터는 기업성 보험 전문 인수 심사역 자격증을 새로 만들겠다는 방침		
퓨처마킹 (나의 미래 비전)	2020년 손해보험 전문계리사 제도를 도입한다는 사실을 3년 전 기사를 통해 접한 뒤, 보험계리사에 대한 관심이 생겼고 향후 보험회사들의 수요가 확대될 것으로 예상해 관련 공부를 꾸준히 해왔다. 얼마 전 졸업을 앞두고 드디어 시험에 합격했고 벌써부터 국내외 보험회사 인사팀에서 접촉해오고 있다. 4차 산업혁명으로 취업이 힘들다고 하지만 역시 남들이 가지 않은 길에 늘 기회가 있는 것이다. 보험계리사 시험을 준비하겠다고 했을 때 부모님은 그게 무슨 직업인지도 모르셨다. 하지만 3년 전 미국에서는 최고 연봉 순위 10위 안에 드는 직업 중 하나였다. 역시 일찍부터 준비한 보람이 있다. 앞으로 외국어 공부도 게을리하지 않으면서 외국계 보험사에 들어가 국제적인 보험계리사가 되고 싶다.		

◆ 예비 창업자형

제목	주인 만족 개 만족… '펫택시' 비싸도 탄다	작성자	권지예 기자
자료 출처	중앙일보	날짜	2018.5.31.
트렌드 분석 (Fact & Data)	– 반려견 전용 택시 '펫택시' 인기, 비싼 가격에도 주인 만족, 개 만족 – 반려동물을 위한 이동 서비스의 등장에 1,000만 반려 인구가 호응하면서 펫택시 업체도 늘고 있음. 지난 3월 22일에는 동물보호법 개정에 따라 반려동물 택시가 제도권 안으로 들어옴 – 파악되는 업체만 30개 – **관련 메가트렌드: 인구구조 변화(1인 가구 증가, 고령화) 여성 지위의 향상(맞벌이 증가, 저출산)**		
미래 가설 (위기 & 기회)	– 반려동물을 데리고 지하철이나 버스를 이용하기는 쉽지 않다는 시각이 지배적 – 아직 시장 형성 초기인 펫택시이지만, 입소문을 타면 이용자가 늘 것		
퓨처마킹 (나의 미래 비전)	**시나리오1**: 2020년 펫택시의 수요가 늘어나면서 문제점도 속속 드러나고 있다. 일부 영세 업체들이 반려견 전용 안전벨트를 착용시키지 않은 채 영업을 하다 사고를 입는 개가 늘고 있는 것이다. 반려견 안전벨트 의무화가 이루어지지 않은 채 펫택시 영업이 활성화되면서 충분히 예견된 문제이기도 하다. 반면 이러한 문제를 예측해 일찍이 반려견 전용 안전벨트를 개발해온 국내 스타트업 기업이 주목받고 있다. 최근 시제품 개발을 완성했고, 국내 소셜크라우드펀딩 기업 와디즈를 통해 사전 주문을 받은 결과 목표 수량을 초과해 향후 성장이 기대된다. 관련하여 반려견의 종과 크기에 따라 다양한 형태의 안전벨트가 개발되리라 예상된다. **시나리오2**: 2030년 1인 가구 비중이 30%를 넘었고 저출산으로 딩크족이 증가하면서 반려동물 인구가 2천만에 육박했다. 관련 비즈니스는 현재 호황이다. 반려견 상품과 서비스는 프리미엄부터 저가형까지 세분화되어 있다. 아무래도 반려동물을 자식처럼 여기는 고객들에게는 프리미엄 상품과 서비스가 인기가 많다. 일찍부터 반려동물산업이 발달한 일본의 전문 기업과 무역을 시작해온 덕에 최근 온라인몰과 오프라인 매장의 매출이 급성장 중이다. 다만 최근 들어 반려동물을 키우는 비용과 관리 문제로 반려동물로봇을 구입하는 소비자도 증가하고 있어 무리한 사업 확장은 고민이 필요하다.		

◆ 커리어 개발형

제목	노후 대비 위해 뛰어들었는데 결국은 '빚폭탄'… 자영업 '악순환의 늪'	작성자	유현진 기자
자료 출처	문화일보	날짜	2018.7.19.
트렌드 분석 (Fact & Data)	- 최저임금 직격탄으로 자영업자 대출액 증가 - 은퇴자들이 선택할 수 있는 노후 대비책이 많지 않아 자영업자 비율은 선진국 (약12%)의 2배가 넘는 26%에 달해 - 통계청의 빈곤율 조사에서도 전체 취업자의 시장 소득 기준 빈곤율은 2016년 기준 12.5%인데, 이중 자영업자는 15.6%로 3.1%포인트 더 높아 **- 관련 메가트렌드: 인구구조 변화(고령화), 갈등 심화(양극화)**		
미래 가설 (위기 & 기회)	- 베이비붐 세대가 본격적으로 은퇴하면서 이 같은 현상은 더 악화되고 있으나 최 저임금 인상과 관련, 보다 종합적인 정부 대책은 부재한 상황 - 성태윤 연세대 경제학부 교수는 "직장 생활을 할 수가 없어 자영업을 선택한 경 우가 많다"면서 "은퇴 세대에 대한 사회적 안전망도 필요하겠지만, 근본적으로 는 노동시장 경직성을 풀어서 적은 임금으로라도 일할 수 있는 다양한 일자리가 만들어져야 한다"고 강조		
퓨처마킹 (나의 미래 비전)	2022년, 드디어 직장을 다니면서 병행했던 대학원 졸업장을 받게 되었다. 5년 전 사실 직장 상사와의 갈등으로 회사를 그만두고 창업을 하기로 결심했던 적이 있 었다. 하지만 당시 최저임금이 급격하게 상승하고 있었고 한국의 자영업자 비중이 선진국의 2배가 넘는다는 통계를 보고 내가 정말 독보적인 아이템이 있거나 엄청 난 마케팅 능력이 없으면 쉽게 경쟁에서 살아남기 힘들겠다는 생각이 들었다. 그 때 깨달았다. 상사와의 갈등은 잠시일 뿐이고 차라리 창업할 돈을 커리어 개발을 위해 미래에 필요한 기술이나 지식에 투자하는 것이 바람직하다고 말이다. 그렇게 주말을 이용해 입학한 대학원 과정을 드디어 졸업했고, 얼마 전 조직에서 미래를 위해 새롭게 구성된 팀에 내가 공부한 분야의 역량이 필요해 팀장으로 발령이 났 다. 조직의 미래를 위한 일을 맡게 된 것이다. 관련 분야 지식을 기반으로 커리어 를 쌓고 은퇴한 뒤엔 이 커리어를 바탕으로 지식 기반의 1인 기업을 창업해볼 생 각이다.		

◆ 마케터형

제목	뷰티·아웃도어에서도 '게이미피케이션' 마케팅 대세	작성자	이재오 기자
자료 출처	게임메카	날짜	2018.4.9.
트렌드 분석 (Fact & Data)	– 샤넬이 홍대에 개장한 팝업스토어 '코코게임센터'는 게이미피케이션이 가장 적극적으로 활용된 형태의 매장 – 라네즈에서 자체 개발한 '뷰티미러' 앱은 게임에서 흔하게 볼 수 있는 캐릭터 커스터마이징을 닮음. 스마트폰 카메라로 직접 매장에 가지 않고도 자신의 얼굴에 메이크업이 가능 – 아웃도어업계의 걷기와 여행이라는 코드에 인증과 경쟁을 적용한 플랫폼 출시 블랙야크의 '로드마스터(Road Master)'와 '트래블마스터(Travel Master)' – **관련 메가트렌드: 과학기술의 발달과 융복합화(마케팅과 기술의 융합)**		
미래 가설 (위기 & 기회)	– 소비자들이 찾는 더 나은 체험을 마케팅에 접목하기 위해 게임을 적극적으로 활용하기 시작. 그것이 '게이미피케이션(Gamification)' – 스마트폰과 SNS의 대중화 등을 통해 게임이 사람들에게 가까워진 현재, 게이미피케이션은 앞으로도 다양한 분야에서 폭 넓게 활용될 것		
퓨처마킹 (나의 미래 비전)	2019년 새롭게 출시되는 자전거에 IOT 기능을 결합하고, 자전거 사용 기록을 서로 경쟁할 수 있게 모바일앱을 제공키로 했다. 고객들이 단순히 자전거를 구입하고 운동만 하는 것이 아니라 전국의 동일 브랜드 이용자들과 연결되어 기록 경쟁을 하도록 유도하고, 랭킹을 매겨 월별 상품을 제공함으로써 보다 재미있는 경험을 할 수 있게 게이미피케이션 마케팅을 적용한 것이다. 입소문을 타고 자전거 동호회 회원들의 문의가 늘고 있고, 모바일앱 내에 동호회별 그룹을 만들 수 있는 기능을 넣어달라는 요청도 들어오고 있어 추가 개발 중이다. 오프라인에서 만나지 않아도 전국의 동호회들 간에 기록 경쟁이 가능하고 가장 활동이 많은 동호회에는 운영비도 지원하는 프로모션을 준비하고 있다. 마케팅과 기술의 융합으로 소비자의 경험이 다채로워지고 브랜드 만족도도 높아지는 걸 느낀다. 앞으로 더욱 다양한 게이미피케이션 마케팅을 기획하고 싶다.		

◆ 같은 기사, 다른 시각 퓨처마킹 비교

제목	블록체인 부동산 거래 시스템 내년 초 제주부터 시범 실시	작성자	신찬옥 기자
자료 출처	매일경제신문	날짜	2018.10.31.

트렌드 분석 (Fact & Data)	- 종이 증명서류 없이 원스톱 거래가 가능한 블록체인 기반 부동산 거래 시범사업 시스템을 연내 구축(과기부&국토부) - 2019년 초부터 제주시 내 11개 금융기관에서 시범 시행 발표 - **관련 메가트렌드: 과학기술 융복합화, 지구온난화**
미래 가설 (위기 & 기회)	- 계약 체결에서 등기 이전까지 원스톱 서비스 가능 - 서류 발급 및 제출 필요 없어짐 - 법원, 법무사협회, 공인중개사협회 연계 거래 시스템 마련 - 종이 문서 사라져 수수료 절감 및 자원 절약 부동산 거래 가능

퓨처마킹 (나의 미래 비전)	부동산 거래자	공인중개사
	2020년 블록체인 부동산 거래 시스템이 전국적으로 적용되면서 부동산 거래와 관련된 행정 서비스를 종이 서류 없이 빠르게 이용할 수 있게 되었다. 부동산 거래 시 시간과 비용 모두 절감하게 된 것. 부동산 매매 또는 전세 계약을 할 때 양쪽 부동산에 내야 했던 중개비용을 앞으로는 스마트계약으로 크게 줄일 수 있다. 그만큼 절약한 비용으로 집을 꾸미거나 이사, 청소에 쓸 수 있다. 관련 시장이 더욱 활성화될 것으로 보인다.	2025년 블록체인 부동산 거래 시스템의 활성화와 스마트계약 이용자 증가로 공인중개업소의 폐업이 늘어나고 관련 자격증 수요는 거의 전무하다. 예상은 했지만 너무 빠르게 서비스 이용 전환이 이루어지며 일부 공인중개사들은 정부에 하소연을 하고 있다. 다만 블록체인 부동산 거래 시스템의 물건에 대한 투명한 데이터 관리를 위해 부동산 평가 대행사라는 직업이 새롭게 생겨 기존 공인중개사들에게 교육을 통해 자격을 부여 중이다.

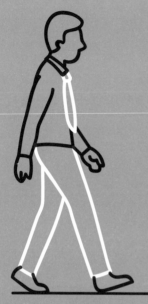

FUTURE MARKING

6.

퓨처마킹을 위한 협업의 기술

"미래를 지배하는 것은 지식과 정보와 네트워크다."

복잡계 경제학자 브라이언 아서(W. Brian Arthur, 1946~)

나보다 똑똑한 우리, 집단지성

복잡성이 커지고 불확실성이 확대되는 미래에는 다양한 피드백 회로를 바탕으로 상황을 모니터링해 나가면서 퓨처마킹을 해야 한다. 그러나 개인이 이 모든 것을 해낸다는 것은 거의 불가능하다. 그래서 미래학자들도 개인의 한계를 넘어서기 위해 대부분 집단지성을 통해 미래를 연구하고 있다.

'집단지성集團知性, Collective Intelligence'이란 다수의 개체들이 서로 협력 혹은 경쟁을 통하여 얻게 되는 결과이다. 쉽게 말해서 집단적 능력을 말한다. 소수의 우수한 개체나 전문가의 능력보다 다양성과 독립성을 가진 집단의 통합된 지성이 올바른 결론에 가깝다는 것

이다. (출처: 위키백과)

제임스 서로위키James Surowiecki는《대중의 지혜(2005, 랜덤하우스코리아)》라는 책에서 재미있는 실험 결과를 소개했다. 직감이 높다는 투자 예측 전문가 한 명과 다수의 비전문가들에게 구슬이 가득 담긴 투명한 유리병을 보고 그 안에 담긴 구슬이 몇 개인지를 맞히게 했다. 그 결과, 재미있게도 비전문가 여러 명의 의견을 종합한 예측 결과가 전문가 한 명의 의견보다 정답에 더 가까웠다. 전문가의 의견이 비전문가 각 개인보다 정답에 가까운 경우가 존재하지만, 집단의 결과를 조합한 예측보다는 항상 정확도가 떨어진다는 것을 잘 보여주는 실험이었다.

직장에서의 집단지성은 그나마 회의에서 나타난다. 그러나 그냥 많은 사람이 모여서 함께 생각을 한다고 집단지성이 되는 것일까? 구직사이트 잡코리아의 직장인 대상 설문조사에 따르면, 직장인 10명 중 7명이 불필요한 회의가 많다고 답했다. 아마도 이 답변 속에는 잘못된 회의의 방식에 대한 불만도 담겨 있을 것이다. 집단지성이란 다양성과 독립성을 가진 집단의 통합된 지성이라고 했다. 올바른 집단지성 회의라면 직원들의 다양한 의견에 귀 기울여야 하고 소수의 비판적 의견도 검토되어야 한다. 하지만 이미 정해진 결론을 가지고 회의를 한다든지, 다수의 의견에 반하는 소수의 의견은 무시당한다든지, 상사가 홀로 회의를 이끌어간다든지 하는 상황은 올바른 집단

소수의 우수한 개체나
전문가의 능력보다
다양성과 독립성을 가진
집단의 통합된 지성이
올바른 결론에 가깝다.

지성이라고 할 수 없다.

잘못된 회의 방식뿐만 아니라 수직적인 조직문화와 평가에 따른 부서 간 이기주의도 사내 커뮤니케이션을 방해해 조직 전체의 집단 지성 능력을 떨어뜨린다. 특정 이슈에 대한 집단지성이 회의라면 조직 내에서 평소에 일어나는 집단지성은 사내 커뮤니케이션이다. 사내 커뮤니케이션이 활발하게 일어나는 조직은 조직 내 구성원들의 정보가 서로 잘 공유되고, 다양한 관점의 비판적 사고를 통해 대내외 상황을 점검하면서 미래에 대한 위기나 기회를 보는 능력도 뛰어나

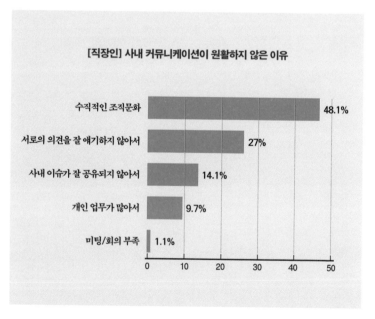

잡코리아 직장인 설문조사 : 사내 커뮤니케이션이 원활하지 않은 이유(2016)

다. 하지만 수직적 조직문화를 가진 곳에서는 상사에게 자신의 의견을 적극적으로 표현하기 어렵고, 그러한 문화가 팀 간, 동료 간에 그대로 스며들어 조직 내 전반적인 커뮤니케이션 기능이 제대로 작동하지 않는다. 이렇게 집단지성이 불가능한 조직은 개개인의 능력과 리더의 독단적인 생각으로 상황을 판단하고 의사결정을 하게 되어 불확실성이 더욱 커지게 된다. 결국 리더든 실무 직원이든 개인의 퓨처마킹 능력은 물론이고 조직 전체의 퓨처마킹 능력도 떨어질 수밖에 없다.

집단지성을 체계적으로 활용해 미래 대안을 세우는 창의 문화를 구축한 대표적 기업은 삼성전자다. 삼성전자는 온라인에서 임직원 개개인의 지식과 아이디어를 연결해 창의적인 성과를 창출하는 시스템 '모자이크'를 2014년 3월부터 운영 중이다. 단어의 의미처럼 작은 아이디어를 모아 혁신적인 결과물을 창출한다는 게 목표다. 모자이크는 아이디어 공유, 업무 현안 해결을 위한 토론, 임직원 간 온·오프라인 모임 지원 등의 기능을 수행한다.

SK하이닉스에서는 집단지성 개념을 활용한 '상상타운'을 운영하고 있다. 2015년 4월부터 시작된 상상타운은 임직원들이 업무 제안을 하면 다른 부서 임직원들과 아이디어를 공유해 문제 해결책을 도출하는 역할을 한다. 경기도 이천, 충북 청주, 경기도 분당, 중국 등 전역에 근무하고 있는 임직원들이 상상타운에서는 한자리에 모여

머리를 맞댈 수 있다.

IBM이 특허 최다 보유 기업이자 끊임없는 혁신을 지속하는 원동력 또한 '이노베이션 잼Innovation Jam'에 있다. IBM은 2001년부터 해마다 웹을 통한 대규모 토론의 장을 제공하고 있다. 전 세계에 흩어져 있는 조직원 약 9만 명 이상이 몇 가지 주제와 관련한 문제점과 개선 방안에 대한 자신의 아이디어를 온라인상에 게재하고 24시간 내내, 수일간 집중 토론을 한다. 이를 통해 참여자들은 아이디어를 보완 및 수정하고 발전시키는데, 이 글로벌 온라인 컨퍼런스를 일컬어 이노베이션 잼이라 한다. IBM은 2006년의 재밍으로 10가지 차세대 혁신사업을 도출하였고, 그후 2년 동안 해당 사업에 미화 1억 달러를 투자했다.

최근에는 개방형 혁신인 '오픈 이노베이션Open Innovation'을 하는 기업도 늘어나고 있다. 오픈 이노베이션은 기업이 필요로 하는 기술과 아이디어를 외부에서 조달하는 한편, 내부 자원을 외부와 공유하면서 새로운 제품이나 서비스를 만들어내는 것이다. 각자가 가진 자원을 내놓고 공유해 최고의 결과물을 만들어내는 방법이라 할 수 있다. 버클리대학과 독일의 프라운호퍼연구소가 2012년 미국, 유럽의 기업 2,840곳을 대상으로 조사한 결과 응답 기업의 78%가 오픈 이노베이션을 추진하고 있다고 답했다. 특히 부가가치가 높은 하이테크기술 분야에선 오픈 이노베이션을 추진하는 기업이 91%에 달했다.

　최근 몇 년간 국내 제약 업계에서도 오픈 이노베이션이 활발하게 이루어지고 있다. 제약사들이 나서서 펀드를 조성해 바이오 스타트업에 투자하거나 스타트업의 아이디어를 공모해 포상하고, 액셀러레이터로 나서서 육성하는 등 다양한 방법으로 오픈 이노베이션에 참여하고 있다. 연구 개발비 상위 10대 제약사의 외부 투자 금액은 2014년 200억 원대에서 2015년 1,600억 원대로 껑충 뛰었고, 2016년에는 2,000억 원대를 돌파하면서 사상 최대치를 기록했다. 이처럼 미래를 위한 대안 마련에 있어서 조직 내 집단지성뿐만 아니라 고객, 협력업체, 경쟁사와도 머리를 맞댈 수 있는 조직은 복잡성이 커지고 불확실성이 확대되는 미래 환경 속에서 대내외 변화를 빠르게 감지하고, 퓨처마킹을 통해 위기와 기회에 대응하여 지속적인 변화와 혁신이 가능할 것이다.

　집단지성을 모으기 위해서는 조직적 차원에서의 제도 마련과 시스템도 중요하지만, 집단지성의 중요성에 대한 이해를 바탕으로 직원들 스스로 올바른 의사소통과 회의 운영을 위한 노력도 필요하다. 그리고 개인의 집단지성 능력을 높이기 위해서는 해당 기업, 해당 산업에 종사하는 사람만 만날 것이 아니라 타 업종의 인맥네트워크를 활용해서 간접경험을 늘리고 다양한 생각을 접하는 것이 필요하다. 시간 관계상 사람을 직접 만나는 것이 힘들다면 다양한 사람의 정보와 생각을 간접적으로 경험해 흡수할 수도 있다. 그중 가장 좋은 방법은 역시 신문, 독서다. SNS도 잘 활용하면 도움이 되겠지만 인공지능이 사용자 취향에 맞춰 맞춤형 정보를 제공하므로 주의가 필요하다. 개인과 조직의 한계를 인정하고 복잡한 세상의 맥락을 읽을 수 있도록, 혼자가 아닌 여럿이 함께할 수 있는 시스템을 하루빨리 구축하자.

개인과 조직의
한계를 인정하고
복잡한 세상의 맥락을
읽을 수 있도록
집단지성 시스템을 구축하자.

퓨처스휠 기법을 활용한 퓨처마킹

앞 장에서 배웠던 퓨처마킹노트가 혼자서 퓨처마킹 훈련을 하기에 적합한 양식이었다면, 지금부터 배울 퓨처스휠Futures Wheel 기법은 혼자가 아닌 집단지성을 통해 퓨처마킹을 하기에 적합한 전문적인 미래 예측기법이다. 직장에서 사람들을 모아놓고 무작정 회의를 하면서 미래에 대한 생각을 내놓으라고 하면 아이디어는 쉽게 나오지 않는다. 하지만 집단지성을 하는 데 도움을 주는 강력한 도구를 활용한다면 훨씬 좋은 미래와 유용한 아이디어들이 많이 나올 것이다.

《전략적 미래 예측 방법론 BIBLE(2014, 도서출판두남)》에 의하면 퓨처스휠 기법은 다양한 영역의 트렌드 및 이머징 이슈가 미래 사회에 영향을 미칠 때 뒤따라올 2, 3차 파급 효과를 발견하기 위해 개발된 미래 예측기법이다. 작성된 결과물의 모습이 수레바퀴 모양과 닮아서 미래수레바퀴 기법이라고도 한다. 이 기법은 현재 국제미래학회 공동회장인 제롬 글렌Jerome Glenn에 의해 1971년에 개발되었다. 방법과 필요한 도구가 간단해 누구나 쉽게 이용할 수 있는 장점이 있다. 특히, 퓨처스휠 기법은 미래 사회 변화나 특정 이슈에 대한 질문과 생각을 수레바퀴 형태의 모형으로 쉽고 조리 있게 정리하도록 도와준다.

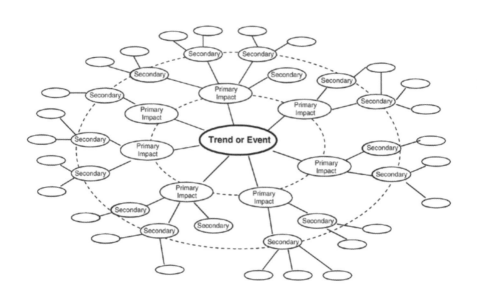

제롬 글렌, Future Research Methodology(2011)

언뜻 보면 일반적인 마인드맵과 유사하지만 마인드맵은 생각 정리 도구로 많이 활용되는 반면, 퓨처스휠은 트렌드 및 이머징 이슈를 바탕으로 2, 3차 가지를 뻗어나갈 때 반드시 인과관계에 따라 확장해야 하는 조건이 있다. 무작정 생각나는 미래를 그리는 것이 아니라 최대한 논리적으로 미래 시나리오를 그려 나가야 한다. 활용법이 간단해 혼자서도 충분히 작성할 수 있지만, 앞에서도 언급했듯이 개인이 가지고 있는 한정된 지식만으로는 아무래도 논리의 비약이 생길 수 있다. 따라서 다양한 배경의 사람들이 집단지성을 통해 어느 정도의 합의 하에 미래를 펼쳐나가는 것이 보다 개연성이 높은 미래를 예측하게 도와줄 것이다.

다음 예시는 저출산 고령화를 이머징 이슈로 정하고 이후에 일어날 미래 가능성을 집단지성을 통해 펼쳐본 퓨처스휠 시나리오맵이다. 작성 방법은 다음과 같다. 퓨처마킹을 하고자 하는 최신 이머징 이슈를 중앙에 배치하고 바퀴 모양으로 미래 영향이나 그다음에 일어날 결과들을 확장해 나간다. 이머징 이슈를 기반으로 1차 수레바퀴에 작성할 키워드는 가장 가까운 미래에 기술, 사회, 경제, 정치, 산업, 법제, 심리, 문화, 환경 등 다양한 영역에 미칠 영향을 각자가 자유롭게 퓨처마킹하여 아이디어를 모은다. 그리고 그 과정에서 유사한 키워드들은 하나로 통합해 최종 키워드들을 정한다. 최종적으로 정리된 1차 수레바퀴는 가능하면 분야가 겹치지 않도록 하고, 논리적으로 가장 개연성이 높은 키워드 중심으로 3~4개 정도의 1차 가

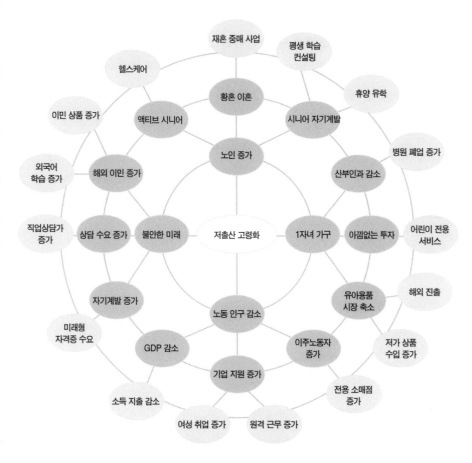

저출산 고령화를 이슈로 작성한 퓨처스휠 미래 시나리오맵

지를 뽑는다.

2차 수레바퀴를 펼칠 때는 3~4개의 1차 가지들 중에서 하나씩만 생각하면서 펼친다. 즉, 나머지 가지는 없다고 생각하고 하나만 생각하면서 1차에서 예측한 미래가 현실이 된다면 그다음에 또 어떤 미래가 펼쳐질지를 예상해보는 것이다. 그러면 1차 가지에서 또 2~3개의 다양한 미래 시나리오가 나온다. 이 또한 마찬가지로 비슷한 내용은 하나의 키워드로 통합해서 줄여 나간다. 그리고 2차 영향 가지 각각에 대한 3차 영향 가지를 또 펼쳐 나간다. 1차, 2차, 3차 수레바퀴를 펼칠 때는 인과관계가 성립되어야 하기에 토의를 통해 다수가 인과관계가 성립되지 않는다고 생각한다면 제거하는 것이 바람직하다. 그리고 마지막 3차 미래 키워드를 기반으로 조직의 상황에 맞게 미래 비전과 미래 전략을 수립하면 된다. 이 과정을 통해 어느 정도 참여자들의 의견을 수렴하면서 개인의 극단적인 망상이나 개연성이 낮은 미래 예측은 예방할 수 있다.

이렇게 하나의 1차 수레바퀴에서 2차, 3차, 멀리는 4차까지도 펼칠 수 있지만 한정된 시간 안에서 할 경우에는 3차 정도에서 마무리한다. 그리고 3차 수레바퀴에서는 1차, 2차에 따른 미래 시나리오를 바탕으로 예상되는 사업, 직업, 상품, 서비스, 정책 등 작성하는 이들의 상황에 맞게 구체적인 미래의 위기와 기회를 생각해보자. 도출된 미래 비전들을 바탕으로 조직의 미래 전략을 수립해 나가면 된다. 조

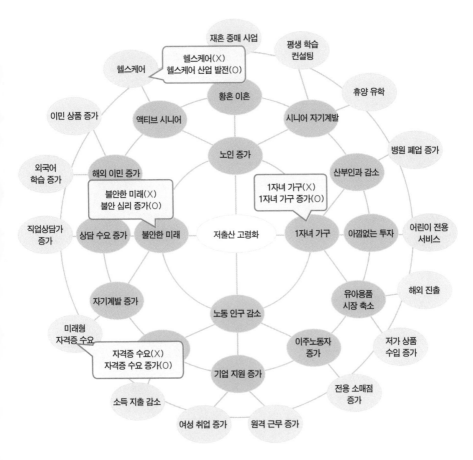

퓨처스휠 기법의 올바른 키워드 작성법

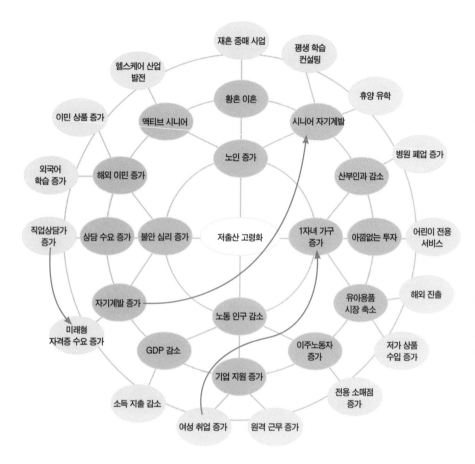

퓨처스휠 시나리오맵 작성 완료 후 키워드 간 연결고리 확인

직이 아닌 개인이 혼자 작성하더라도 역시 같은 방식으로 작성하면
된다.

　1, 2, 3차 수레바퀴에 들어갈 내용들은 가능하면 핵심 키워드로
짧게 작성하는 것이 좋다. 미래는 늘 위기와 기회가 상존하기에 내용
은 부정적 미래와 긍정적 미래, 증가하는 것과 감소하는 것, 약화되
는 것과 강화되는 것, 사라지는 것과 새로 생기는 것 등이 될 것이다.
표현하는 단어도 이와 관련된 단어로 명사형으로 압축해서 쓰는 것
이 좋다. 단, 키워드 작성 시에는 너무 추상적인 키워드보다 구체화
된 키워드로 작성한다. 작성된 예시의 1차 수레바퀴 키워드에서 '불
안한 미래'는 '불안 심리 증가'가 더 좋은 표현이며, '1자녀 가구'보다

환경부 직원 역량 강화 워크숍 중 작성된 퓨처스휠 미래 시나리오맵

는 '1자녀 가구 증가'가 바람직한 표현이라고 할 수 있다. 미래는 늘 위기와 기회를 동반하며 이를 표현하는 단어로는 '증가vs감소', '확대vs축소', '강화vs약화' 등을 생각해볼 수 있으니 참고 바란다.

1차, 2차, 3차 수레바퀴에서 키워드를 펼치고 나면, 서로 영향을 주는 키워드들이나 유사한 키워드가 보인다. 이는 결국 다양한 영역별로 미래를 펼치지만 세상은 결국 얽히고설켜 연결된 하나의 유기체처럼 움직이고 있음을 보여준다. 관련 키워드끼리는 앞의 퓨처스휠 작성 예시처럼 마지막에 서로 연결고리를 통해 상호작용 관계를 그려볼 수 있다.

퓨처스휠 기법은 조직 내에서 이머징 이슈가 발생했을 때 미래 시나리오를 여러 직원들이 함께 펼쳐보면서 퓨처마킹을 할 수 있는 좋은 도구이다. 예를 들어, 어떤 문제가 발생했을 때 해당 문제 해결을 위해 예산을 투입해야 할지 말아야 할지 의견이 분분하다면, 그 문제로 인해 일어날 미래 시나리오를 퓨처스휠 기법으로 그려보고 바람직한 미래를 위해 올바른 결정이 무엇인지 생각해볼 수 있다. 또 사업 전략을 구상할 때는 퓨처스휠 기법으로 펼쳐진 미래 시나리오들 중에서 현실성이 높고 우선순위라고 생각되는 미래를 해당 조직의 미래 비전으로 정하고 대안을 고민하여, 그 미래 비전이 나오게 된 가장 큰 변화의 동인을 지속적으로 모니터링해 나가야 한다. 해당 기법의 특성상 다소 장기적인 미래까지 그려볼 수 있기에 당장은 영향이 없더라도 충분한 가능성이 있는 미래라면 미리 준비하고 대비해야 할 것이다.

퓨처스휠 기법의 가장 큰 단점으로 지적되는 것은 지나친 단순화다. 미래 변화의 파생 영향이 몇 가지 단어로 요약 압축됨에 따라 단순히 하나의 요인이 엄청난 영향을 가져온다고 착각하게 만들 수도 있다. 집단지성을 통해 다양한 변수를 생각하면서 작성한다고 해도 짧은 시간 내에 모든 요소를 감안하며 작성하기는 어렵기 때문이다. 뿐만 아니라 키워드 간의 인과관계가 완벽히 검증되지 않을 경우 신뢰도가 떨어질 수 있으며 결과적으로 퓨처마킹에 실패할 수도 있다. 하지만 그럼에도 퓨처스휠 기법이 강력한 힘을 발휘하는 것은, 혼자서 퓨처마킹을 할 때보다 단순화와 오류의 확률을 떨어뜨리기 때문이다. 퓨처스휠 기법으로 집단지성의 힘을 얻을 수가 있는 것이다.

조금 더 정확하고 신뢰가 가는 퓨처스휠을 위해서는 같은 업무, 같은 팀, 같은 직급의 사람들만 모이지 말고 다양한 부서의 사람들을 모아 진행해야 한다. 때론 외부 인사를 초청하는 것도 한 방법이다. 구성원들의 다양성이 높으면 높을수록 더욱 좋은 결과물이 나오니 참여자를 구성할 때 꼭 다양성을 확보하자.

퓨처스휠 기법 작성 가이드

Step 1. 이머징 이슈 선정하기

트렌드 리딩을 통해 향후 추세가 더욱 강해질 것으로 예상되는 이슈를 찾아 퓨처스휠 기법 작성을 위한 이머징 이슈로 정한다. 이머징 이슈는 주최자가 사전에 정해도 무방하며 참가자 간 토의를 통해 선택해도 좋다. 퓨처스휠 기법 활용 가이드를 위해 임의의 이머징 이슈로 '미세먼지 악화'를 선정했다. (※1, 2, 3차 수레바퀴 키워드가 들어갈 칸은 사전에 만들어놓고 시작해도 좋고, 이머징 이슈만 적어놓은 상태에서 수레바퀴를 펼치면서 만들어도 무방하다. 필자는 편의를 위해 미리 칸을 만들어놓은 상태에서 작성하는 것일 뿐 정해진 규칙이 있는 것은 아니다.)

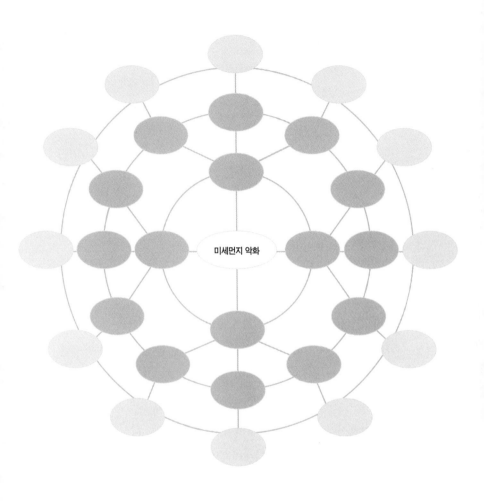

미세먼지 악화

퓨처스휠 작성 가이드 – 이머징 이슈 선정 (Step1)

Step 2. 1차 수레바퀴 키워드 도출하기

가까운 미래를 상상하면서 기술, 정치, 경제, 환경, 사회 등 다양한 영역별로 미래의 위기와 기회를 떠올려본다. 예를 들어, 미세먼지가 계속 악화 되면 사회적으로는 외출 인구가 감소할 것이고, 기술적으로는 공기청정기술이 발달할 것이며, 정치적으로는 화석연료에너지 비중이 축소되고, 경제적으로는 미세먼지 관련 상품이 증가할 것이다. 다양한 미래 가능성을 살필 수 있게 1차 키워드의 영역이 최대한 겹치지 않도록 작성한다.

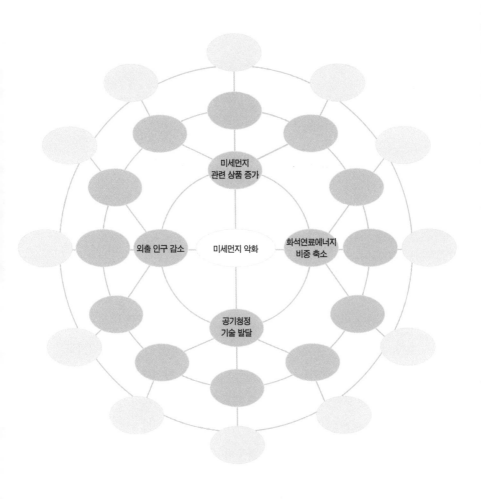

미세먼지
관련 상품 증가

외출 인구 감소

미세먼지 악화

화석연료에너지
비중 축소

공기청정
기술 발달

퓨처스휠 작성 가이드 – 1차 수레바퀴 키워드 도출 (Step2)

Step 3. 2차 · 3차 수레바퀴 키워드 도출하기

1차 수레바퀴에 이어 인과관계를 생각하면서 1개의 키워드마다 2차, 3차 수레바퀴까지 완성해 나간다. 주의할 점은 1차에서 2차로, 2차에서 3차로 연결되는 과정에서 너무 멀리 뛰어넘을 경우 인과관계가 잘 안 보일 수 있으니 중간 내용을 과하게 생략하지 않도록 한다. 예를 들어, 1차 키워드가 외출 인구 감소인데 2차 키워드가 비만 인구 증가라고 한다면 중간에 활동량 감소라는 설명이 빠져 있어 연결이 잘되지 않는다. '1차 외출 인구 감소 → 2차 활동량 감소 → 3차 비만 인구 증가'로 작성하는 것이 바람직하다.

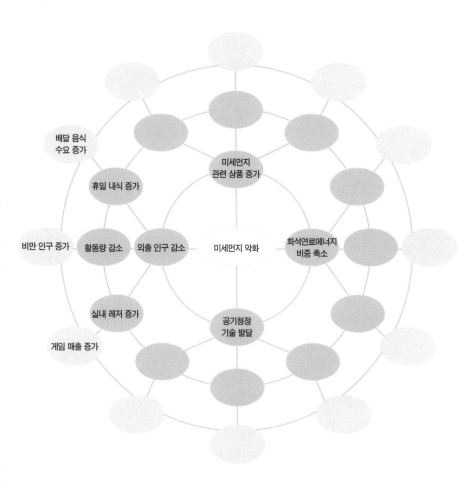

배달 음식
수요 증가

휴일 내식 증가

미세먼지
관련 상품 증가

비만 인구 증가　활동량 감소　외출 인구 감소　미세먼지 악화　화석연료에너지
비중 축소

실내 레저 증가

게임 매출 증가

공기청정
기술 발달

퓨처스휠 작성 가이드 - 2차, 3차 수레바퀴 키워드 도출 (Step3)

Step 4. 퓨처스휠 미래 시나리오맵 완성

1차 수레바퀴의 개별 키워드마다 2차, 3차 수레바퀴까지 모두 완성한다. 참고로 1차에서 2차 수레바퀴로, 2차에서 3차 수레바퀴로 펼쳐 나갈 때 가지의 수가 정해져 있는 것은 아니다. 뿐만 아니라 3차 수레바퀴를 넘어 4차, 5차까지 펼쳐 나가는 것도 문제가 안 된다. 다만 무한정 펼쳐 나갈 수는 없기에 참가자들과 작성하기 전 어느 정도까지 펼쳐 나갈지를 정하고 시작하는 것이 좋다.

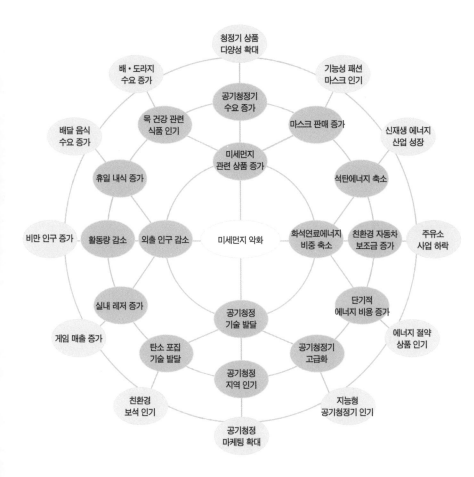

퓨처스휠 작성 가이드 – 시나리오맵 완성 (Step4)

Step 5. 퓨처스휠 미래 시나리오 키워드 연결

퓨처스휠 미래 시나리오맵 작성을 완료한 후 키워드 간에 서로 영향을 주고받는 것이 있다면 연결을 시켜보자. 1차 수레바퀴에서 서로 다른 영역으로 시작했지만 키워드끼리 영향을 주고받음을 확인함으로써 우리가 살아가는 세상이 결국에는 유기적으로 연결되어 있음을 알 수 있고 종합적으로 세상을 이해하게 된다. 마지막으로 도출된 미래 비전을 바탕으로 미래 전략(실행 방안)을 구상해보면 된다.

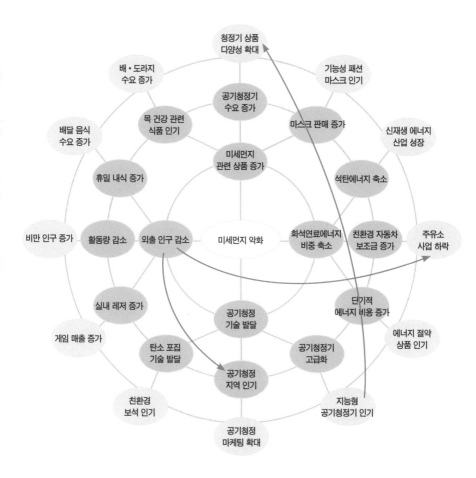

청정기 상품
다양성 확대

배·도라지
수요 증가

기능성 패션
마스크 인기

목 건강 관련
식품 인기

공기청정기
수요 증가

마스크 판매 증가

배달 음식
수요 증가

신재생 에너지
산업 성장

미세먼지
관련 상품 증가

석탄에너지 축소

휴일 내식 증가

비만 인구 증가

활동량 감소

외출 인구 감소

미세먼지 악화

화석연료에너지
비중 축소

친환경 자동차
보조금 증가

주유소
사업 하락

실내 레저 증가

공기청정
기술 발달

단기적
에너지 비용 증가

에너지 절약
상품 인기

게임 매출 증가

탄소 포집
기술 발달

공기청정
지역 인기

공기청정기
고급화

친환경
보석 인기

지능형
공기청정기 인기

공기청정
마케팅 확대

퓨처스휠 작성 가이드 – 키워드 연결 (Step5)

미래캘린더 작성법

 과거의 역사적인 주요 이벤트를 타임라인에 따라 정리한 자료를 '한국사연표' 또는 '세계사연표'라고 하듯이, 미래학에서는 과거가 아닌 아직 오지 않은 미래 역사를 정리해서 활용할 때 '퓨처스 타임라인', '미래연표' 또는 '미래캘린더'라고 한다. 이들은 미래에 예정된 이벤트 또는 미래학자 및 연구기관의 미래 예측 정보들을 정리한 자료다. 필자는 개인적으로 미래캘린더라는 표현을 가장 선호하기에 이후에는 미래캘린더라고 칭하겠다. 가장 직관적으로 이해하기 쉬운 표현이기 때문이다.

 미래캘린더는 미래에 예정된 이벤트 정보나 미래 예측 정보를 시

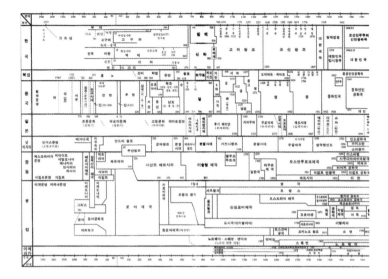

한국사연표 사례(구글 이미지 검색)

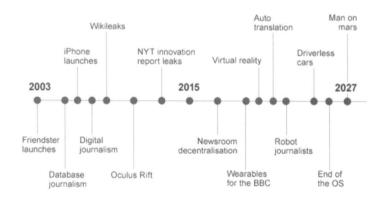

퓨처스 타임라인 사례(구글 이미지 검색)

기별로 달력을 만들듯이 정리해서 모니터링 자료로 활용할 수 있다. 물론 미래캘린더는 해당 시점에 가서 현실이 될 수도 있고, 아니면 더 빠른 시기에 현실이 되거나 지연될 수 있기에 모니터링 중 수정이 꼭 필요하다. 대신 미래에 일어날 예측 정보를 정리해두면 바쁜 현재를 살아가면서 잊어버릴 수도 있는 예정된 미래를 상기할 수 있는 장점이 있다.

예를 들어, 올림픽이나 월드컵처럼 개최 시기가 명확한 미래 이벤트나 이미 시행 시기가 확정된 정부 정책 등은 미래를 예측하는 데 좋은 정보가 된다. 하지만 이러한 정보들은 개최 시기와 개최지가 결정되거나 정책 시행 여부가 확정되는 시점엔 뉴스나 신문에서 자주 언급되기에 관심을 갖기 쉬우나, 실제 이벤트가 일어나는 시기는 먼 미래라 자칫 잊게 되는 경우가 많다. 때문에 이러한 정보들은 잘 정리해서 한눈에 볼 수 있게 해야 가끔씩 확인하며 시행 시점이 다가올 때를 대비해 준비해야 할 것을 잊지 않고 챙길 수 있다. 2022년 카타르 월드컵의 경우 개최 시기가 이전 대회들과 달리 11월로 결정되었는데 겨울에 개최되는 만큼 월드컵 기간마다 특수를 누리는 소매점이나 외식 매장들은 달라진 계절에 맞춰 관련 상품, 마케팅, 이벤트를 준비해야 한다. 아마도 2022년까지 모두가 이 사실을 잊은 채로 살아갈 것이다. 그러나 미래캘린더를 작성해 눈에 보이는 곳에 붙여두고 가끔씩 모니터링하면서 상기한다면 사전 준비가 가능하다.

환경부 직원 역량 강화 워크숍 중 작성된 2019~2030 미래캘린더

미래캘린더를 작성하기 위한 미래 이벤트 정보는 보통 미래학 관련 도서나 연구보고서, 뉴스 정보 속에서 찾을 수 있다. 미래 이벤트들은 엑셀 같은 프로그램을 이용해 연도별로 정리해둔다. 특히 시행

시기가 정해진 정책 정보나 전문가들의 예측 정보는 꼭 정리해두자. 정리한 미래캘린더는 크게 인쇄해서 사무실 곳곳에 부착해 언제든지 확인할 수 있도록 하고, 주기적으로 내용을 업데이트하며 해당 시점이 가까워질 때마다 미래의 위기와 기회를 살피는 것이 좋다. 단, 미래 예측 정보라도 단순한 홍보 기사이거나 스포츠 관련 기사, 연예 기사라면 가능한 한 미래캘린더에 표기하지 않는 게 바람직하다.

인터넷에서 미래에 예정된 이벤트를 검색할 때 보통 '2019년', '2020년' 등 미래의 시기와 관련된 키워드를 입력하면 쉽게 찾을 수 있다. 그러나 단순히 연도만 입력할 때와 '2019년 시행', '2020년 폐지', '2021년 전망'과 같이 키워드를 달리하면 검색 결과가 확연히 다르다. 어떤 키워드를 넣어야 더 다양한 미래 이벤트 정보가 나올지 생각하면서 검색해보자.

미래캘린더 역시 퓨처스휠 기법과 마찬가지로 혼자서 작성하기보다는 집단지성을 통해 작성하는 것이 시간도 적게 소요되고 다양한 시각에서 자료를 찾을 수 있어 효과적이다. 미래캘린더는 적어도 10년 이상 내다보며 작성하는 것이 좋은데, 혼자서 10년 동안 일어날 미래의 사건을 모두 찾는다는 건 무리다. 그래서 혼자보다는 동료, 가족과 함께 작성해보기 바란다. 미래캘린더를 가족과 함께 작성해서 집 안에 붙여두면 학생들은 자신의 미래를 만들어가는 데 큰 도움이 된다. 예를 들어, 2025년부터 고교학점제가 전국적으로 시행

될 예정인데 현재 초등학교 3학년인 필자의 딸아이가 고1이 되는 시점이다. 이러한 미래 이벤트 등을 미리 미래캘린더로 작성해 모두 볼 수 있게 해두면 아이와 부모 모두 까맣게 잊고 있다가 그때 가서 부랴부랴 준비하지 않고 시행될 고교 과정에 맞춰 사전에 고민하고 준비하는 데 도움이 된다.

직접 미래캘린더를 작성하는 것이 다소 어렵게 느껴진다면 전문가들이 정리해서 출간한 관련 서적을 참고하거나 전문적으로 자료를 제공하는 사이트를 활용해보자. 관련 서적은 국내에도 나와 있지만 전문적인 국내 사이트는 찾아보기 어려워 미국과 일본의 사이트를 소개하고자 한다.

'퓨처타임라인'이라는 사이트에서는 21세기가 시작된 2000년부터 22세기까지 미래 예측 정보를 정리해서 제공하고 있다.

일본의 노무라종합연구소에서 제공하는 'NRI미래연표'는 매년 연말이면 업데이트를 해서 2100년까지의 일본의 미래를 예측하는 정보를 제공하고 있다. PDF 파일로도 다운로드할 수 있다. 일본을 통해 한국의 미래를 내다보는 데 도움이 되는 자료다.

마지막으로 일본의 하쿠호도생활종합연구소의 '미래연표'가 있다. 이 연구소의 홈페이지에는 2117년까지의 미래 예측 정보를 데

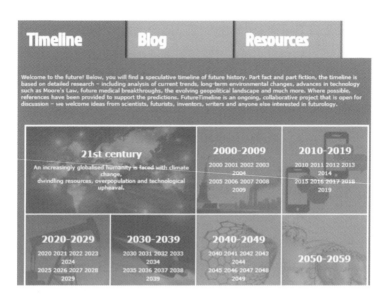

퓨처타임라인(www.futuretimeline.net)

NRI未来年表　2017-2100

NRIが書籍やセミナーなどで発表している様々な予測を「NRI予測」として掲載している年表です

📖 NRI未来年表　2017-2100

NRI未来年表は、今後予定されている出来事を「政治・社会」「経済・産業」「国際」の軸で整理し、さらに、NRIが書籍やセミナーなどで発表している様々な予測を「NRI予測」として掲載している年表です。
将来の社会の大きな動きが一覧できます。年表には、2017年〜2100年までの未来予測を盛り込んでいます。

今年も、付録として1945年から2016年までの「過去年表」を作成しましたので、ご活用ください。
「過去年表」は、「未来年表」と同じPDFファイルの5枚目になります。

노무라종합연구소의 NRI미래연표(www.nri.com/jp/opinion/nenpyo/index.html)

이터베이스화한 자료가 있는데 연도별, 카테고리별, 특정 키워드별 검색이 가능하다. 매우 잘 정리되어 있는 미래캘린더이므로 참고하기 바란다. 인터넷상의 자동 번역 기능을 활용하면 편리하다.

참고로 앞에서 배웠던 키워드RSS를 응용하면 미래캘린더를 스마트하게 만들 수도 있는데 방법은 간단하다. RSS리더에 '2019년', '2020년'과 같은 미래 시점 연도를 키워드RSS로 등록하면 해당 연도가 포함된 정보를 RSS리더로 자동으로 모을 수 있다. 직접 정리하고 작성하는 게 귀찮은 분들은 이렇게라도 하기 바란다.

RSS리더를 활용하든 미래캘린더를 직접 작성하든, 지속적으로 트렌드 리딩을 하며 미래 이슈에 관심을 가지는 것이 가장 중요하다. 아무래도 개인 입장에서는 당장 현실적인 문제보다 아직 오지 않은 미래 이슈에 많은 시간과 에너지를 쏟아붓기는 부담이 될 수 있다. 가능하면 짧은 시간 안에 효율적으로 모니터링할 수 있는 방법을 찾아 적극적으로 활용하자.

지금까지 퓨처마킹을 위한 방법들을 살펴보았다. 부디 이 방법들이 개인은 물론이고 조직의 퓨처마킹 능력을 향상시켜 궁극적으로 대한민국의 더 나은 미래를 위한 변화와 혁신에 조금이나마 일조할 수 있기를 바란다.

하쿠호도생활종합연구소의 '미래연표'(seikatsusoken.jp/futuretimeline)

키워드RSS를 활용한 미래캘린더

도서 리스트

《드림 소사이어티》롤프 옌센 저, 리드리드출판, 2005
《부의 미래》엘빈 토플러·하이디 토플러 공저, 청림출판, 2006
《마인드 세트》존 나이스비트 저, 비즈니스북스, 2006
《미래를 읽는 8가지 조건》마티아스 호르크스 저, 청림출판, 2006
《제임스 마틴의 미래학 강의》제임스 마틴 저, 김영사, 2009
《플랫랜드》에드윈 A. 애벗 저, 늘봄, 2009
《세상을 바꾸는 천 개의 직업》박원순 저, 문학동네, 2011
《10년 뒤에도 살아남을 직장인을 위한 안내서》최윤식 저, 지식노마드, 2011
《3차원 창의력 개발법》이광형 저, 비즈니스맵, 2011
《Thinking Tool Box》최윤식 저, 지식노마드, 2012
《똑똑한 정보 밥상》클레이 존슨 저, 에이콘출판, 2012
《제2의 기계 시대》에린 브린욜프슨·앤드루 맥아피 공저, 청림출판, 2014
《한계비용 제로 사회》제러미 리프킨 저, 민음사, 2014
《제로 투 원》피터 틸·블레이크 매스터스 공저, 한국경제신문사, 2014
《르네상스 소사이어티》롤프 옌센·미카 알토넨 공저, 36.5, 2014
《상상하지 말라》송길영 저, 북스톤, 2015
《클라우스 슈밥의 제4차 산업혁명》클라우스 슈밥 저, 새로운현재, 2016
《디지털 트랜스포메이션》조지 웨스터먼·디디에 보네·앤드루 맥아피 공저,
e비즈니스, 2017
《변하는 것과 변하지 않는 것》강민호 저, 턴어라운드, 2018
《카이스트 미래전략 2019》KAIST문술미래전략대학원 미래전략연구센터 저,
김영사, 2018
《2019 한국이 열광할 세계 트렌드》KOTRA 저, 알키, 2018
《세계미래보고서 2019》박영숙·제롬 글렌 공저, 비즈니스북스, 2018
《트렌드 코리아 2019》김난도, 전미영 외 7명 공저, 미래의창, 2018

정보 사이트

사이트명	URL	특징
KAST 문술미래전략대학원 미래전략연구센터	futures.kaist.ac.kr/center01	각종 미래 연구 보고서 자료 열람 가능
곽노필의 미래 창	plug.hani.co.kr/futures	〈한겨레신문〉 곽노필 기자의 미래 정보 관련 블로그
KOTRA 해외 시장 뉴스	news.kotra.or.kr	KOTRA가 제공하는 글로벌 시장 최신 뉴스 제공
메타트렌드	www.themetatrend.com	국내 트렌드 전문 조사 및 소비자 미래 연구 기관
트렌드버드	www.trendbird.biz	글로벌 비즈니스 트렌드 정보 제공 사이트(유료)
T타임즈	www.ttimes.co.kr (애플리케이션 사용 권장)	국내외 최신 비즈니스, 문화 트렌드 정보 제공
로봇신문사	www.irobotnews.com	국내외 로봇 트렌드 정보 제공
전자신문	www.etnews.com	정보통신기술 트렌드 정보 제공
블로터닷넷	www.bloter.net	ICT 트렌드 및 교육, 컨퍼런스 정보 제공
미래채널(유튜브)	www.youtube.com/channel	글로벌 기술 트렌드 동영상 번역 정보 제공
플라톤 아카데미 TV(유튜브)	www.youtube.com/user/platonacademytv	전 세계 석학들의 인문학 강의, 세미나 제공
세바시(유튜브)	www.youtube.com/user/cbs15min	15분 형식의 한국판 TED로 지식, 경험, 아이디어 동영상 제공
TED(유튜브)	www.youtube.com/user/TEDtalksDirector	전 세계 지식, 경험, 아이디어 등 강연 동영상 제공

EBS다큐(유튜브)	www.youtube.com/user/ebsdocumentary/videos	〈EBS〉 다큐 영상을 제공하는 유튜브 채널
중국 전문가 전병서 블로그	blog.naver.com/bsj7000	중국 금융 경제 트렌드 정보 및 칼럼 제공
차이나랩	blog.naver.com/china_lab	최신 중국 트렌드 콘텐츠 정보 제공
벤처스퀘어	www.venturesquare.net	스타트업 전문 미디어로 관련 정보 및 이벤트 정보 제공
와디즈	www.wadiz.kr	소셜크라우드펀딩 플랫폼으로 최신 스타트업 투자 정보 제공
캔고루	웹사이트 없음, 애플리케이션 전용	다양한 최신 박람회, 전시회 정보 제공
온오프믹스	www.onoffmix.com	국내 모임, 강연, 세미나, 컨퍼런스 정보 제공
트렌드와칭(해외)	trendwatching.com	네덜란드의 트렌드 큐레이션 서비스 사이트
트렌드헌터(해외)	www.trendhunter.com	미국의 트렌드 정보 전문 사이트
하쿠호도생활종합연구소(해외)	seikatsusoken.jp	일본 소비자 동향 정보 및 보고서, 미래연표 정보 제공
닛케이트렌드(해외)	trendy.nikkeibp.co.jp	일본 최신 트렌드 정보 제공 사이트
대한민국 100대 씽크탱크 리스트	brunch.co.kr/@futureagent/8	국내 100대 연구소 및 사이트 정보를 제공
네이버 데이터랩	datalab.naver.com	네이버에서 제공하는 검색 데이터 및 공공 데이터 정보 열람 가능
구글 트렌드	trends.google.co.kr/trends	전 세계 구글 사용자들의 검색어 트렌드 데이터 열람 가능

◆ 퓨처마킹 훈련 1일차

제목		작성자	
자료 출처		날짜	
트렌드 분석 (Fact & Data)	(자료가 담고 있는 팩트와 데이터 정보를 간략히 요약하고, 관련해서 변화의 동력인 메가트렌드를 통찰하여 작성)		
미래 가설 (위기 & 기회)	(자료를 작성한 기자, 전문가, 저자가 제시하는 미래의 위기와 기회에 대한 내용이 있다면 요약 작성)		
퓨처마킹 (나의 미래 비전)	(상기 두 가지 항목을 바탕으로 스스로 퓨처마킹을 통해 나와 연결시켜 미래의 위기나 기회, 즉 미래 비전을 그려보는 작업. 마치 그 미래가 현실이 되었다고 상상하면서 실감나게 소설처럼 시나리오를 작성. 가능하면 자신의 상황이나 조직의 상황에 연결시켜서 예상되는 미래를 작성해볼 것을 권함.)		

◆ 퓨처마킹 훈련 2일차

제목		작성자	
자료 출처		날짜	

트렌드 분석 (Fact & Data)	
미래 가설 (위기 & 기회)	
퓨처마킹 (나의 미래 비전)	

◆ 퓨처마킹 훈련 3일차

제목		작성자	
자료 출처		날짜	

트렌드 분석 (Fact & Data)	
미래 가설 (위기 & 기회)	
퓨처마킹 (나의 미래 비전)	

◆ 퓨처마킹 훈련 4일차

제목			작성자	
자료 출처			날짜	
트렌드 분석 (Fact & Data)				
미래 가설 (위기 & 기회)				
퓨처마킹 (나의 미래 비전)				

◆ 퓨처마킹 훈련 5일차

제목		작성자	
자료 출처		날짜	

트렌드 분석 (Fact & Data)	
미래 가설 (위기 & 기회)	
퓨처마킹 (나의 미래 비전)	

◆ 퓨처마킹 훈련 6일차

제목		작성자	
자료 출처		날짜	
트렌드 분석 (Fact & Data)			
미래 가설 (위기 & 기회)			
퓨처마킹 (나의 미래 비전)			

◆ 퓨처마킹 훈련 7일차

제목		작성자	
자료 출처		날짜	

트렌드 분석 (Fact & Data)	
미래 가설 (위기 & 기회)	
퓨처마킹 (나의 미래 비전)	

◆ 퓨처마킹 훈련 8일차

제목		작성자	
자료 출처		날짜	
트렌드 분석 (Fact & Data)			
미래 가설 (위기 & 기회)			
퓨처마킹 (나의 미래 비전)			

미래를 읽고 싶은 사람들을 위한 안내서

© 양성식, 2019

1판 1쇄 2019년 2월 1일

ISBN 979-11-87400-42-4 (03190)

저   자. 양성식
펴낸이. 조윤지
P   R. 유환민
편   집. 박지선
디자인. 김미성bookdesign.xyz

펴낸곳. 책비
출판등록. 제215-92-69299호
주소. 13591 경기도 성남시 분당구 황새울로 342번길 21 6F
전화. 031-707-3536
팩스. 031-624-3539
이메일. readerb@naver.com
블로그. blog.naver.com/readerb

'책비' 페이스북
www.FB.com/TheReaderPress

책값은 뒤표지에 있습니다. 잘못된 책은 구입처에서 교환해 드립니다.